Kostengünstig bauen –
Schäden vermeiden

Rainer Oswald (Herausgeber)
Johannes Kottjé / Silke Sous

Kostengünstig bauen – Schäden vermeiden

Deutsche Verlags-Anstalt München

INHALTSVERZEICHNIS

VORWORT

Einfamilienhäuser werden in zunehmendem Maße besonders kostengünstig errichtet. Durch schlichte, klare Gebäudeformen sowie durch preisgünstige Konstruktionsweisen werden dabei die Baukosten teilweise in Bereiche unter 1000 €/m² gesenkt. Doch wie wirken sich Kostenreduzierungen auf Dauerhaftigkeit, Instandhaltungsbedarf und Beschaffenheit eines Gebäudes aus? Macht sich anfängliches Sparen auf Dauer bezahlt? Oder ist mit überdurchschnittlicher Schadensanfälligkeit, hohen Folgekosten und inakzeptablen Einschränkungen bei Komfort und Funktionalität zu rechnen?
Diese Fragestellung wurde mit Förderung durch das Bundesbauministerium vom AIBAU – Aachener Institut für Bauschadensforschung und angewandte Bauphysik gemeinnützige GmbH in der Praxis untersucht. Betrachtet wurden hierbei die einzelnen Bauteile eines Hauses.
Das vorliegende Buch stellt die Untersuchungsergebnisse anschaulich dar und dient Bauherren, Architekten und Bauträgern als Ratgeber, Anregung und Entscheidungshilfe bei der Planung oder beim Kauf eines Hauses. Es gibt Hinweise zum kostengünstigen und zugleich qualitätvollen Bauen und zeigt auf, welche Auswirkungen Einsparungen bei Konstruktionen und Materialien haben. Einerseits wird erläutert, bei welchen Maßnahmen mit nicht hinzunehmenden Folgen zu rechnen ist, vor allem aber, in welchen Bereichen sich Einsparungen problemlos oder zumindest unter bestimmten Voraussetzungen realisieren lassen.

Zur Veranschaulichung werden abschließend fünf realisierte Häuser vorgestellt, bei denen eine Vielzahl der zuvor dokumentierten kostengünstigen Konstruktionen verwendet wurde. Sie wurden zu Baupreisen zwischen 950 und 1100 €/m² errichtet – bei durchweg guter konstruktiver Qualität in Verbindung mit ansprechender Gesamtarchitektur.
Herausgeber und Autoren würden sich freuen, wenn dieses Buch vielfach dazu beitragen würde, Baukosten wie Mängel gering zu halten.

Prof. Dr.-Ing. Rainer Oswald

EINLEITUNG

In den Jahren 2002 bis 2004 wurde vom AIBAU – Aachener Institut für Bauschadensforschung und angewandte Bauphysik gemeinnützige GmbH eine Forschungsarbeit über »Schwachstellen beim kostengünstigen Bauen« durchgeführt[1]. Ziel dieser Arbeit war es, durch Untersuchung einer größeren Anzahl ausgeführter Objekte vorhandene konstruktive und bauphysikalische Schwachstellen kostengünstig errichteter Einfamilienhäuser detailliert aufzuzeigen und hieraus resultierend Hinweise zum kostengünstigen und zugleich qualitätvollen Bauen zu geben. Schwerpunkte waren dementsprechend Qualität und Dauerhaftigkeit des kostengünstigen Bauens aus baukonstruktiver und bauphysikalischer Sicht. Die Aspekte Funktionalität (etwa Nutzbarkeit oder Möblierbarkeit) und Komfortstandard wurden nur behandelt, sofern sie unter technischen Gesichtspunkten eine Rolle spielen (beispielsweise Schallschutz). Ebenso wurden Gesichtspunkte wie Flexibilität und Wandelbarkeit eines Gebäudes, die bezogen auf die gesamte Gebäudestandzeit auch zur Kostenreduzierung beitragen können, nur am Rande angesprochen. Nach einer Literaturrecherche und einer Umfrage unter Sachverständigen wurden 30 Häuser in 13 Siedlungen begangen. Die jeweils realisierten Möglichkeiten zur Kostensenkung und hierbei eventuell festgestellte Schwachstellen wurden bauteilbezogen erfasst. Die Siedlungen wurden überwiegend Mitte der 90er Jahre errichtet, sodass eventuelle Schwachstellen, die üblicherweise in den ersten Jahren auftreten, bereits von den Bewohnern benannt werden konnten. Ältere Siedlungen sind konstruktiv – beispielsweise aus energetischer Sicht – mit heutigen Neubauten meist nicht vergleichbar.

Um die Ergebnisse der Forschungsarbeit einem breiten Kreis am Bau Beteiligter – in erster Linie Bauherren und Hauskäufern – nutzbringend zugänglich zu machen, entschlossen sich die Autoren des Forschungsberichts, das vorliegende Buch zu verfassen. Es stellt im Hauptteil ab Seite 37 Maßnahmen vor, die zur Senkung der Baukosten zur Anwendung kommen und stellt deren Folgen dar: Kommt es zu nicht hinnehmbaren Mängeln und Schäden? Ist mit erhöhtem Instandhaltungsaufwand oder Komforteinbußen zu rechnen? Genauso wichtig ist aber: Welche kostengünstigen Ausführungsarten haben lediglich unbedeutende oder sogar keine negativen Auswirkungen auf die Bauqualität?
Dem Leser wird somit ein Katalog an die Hand gegeben, der die Konsequenzen der aufgeführten kostengünstigen Konstruktionen vor Augen führt und somit als praktischer Ratgeber dient: Bauherren, Architekten und Bauträgern als Anregung und Entscheidungshilfe, welche Maßnahmen Anwendung finden sollen, Käufern schlüsselfertiger oder teilfertiger Häuser als Hinweisgeber, ob die vom Bauträger gewählte Ausführung nicht akzeptable Folgen erwarten lässt.

Das Buch richtet sich dabei keineswegs ausschließlich an die Ersteller besonders kostengünstiger Häuser. Auch bei aufwändiger Gesamtausführung bietet es sich oft an, bei einzelnen Punkten Ausführungen zu wählen, die preiswerter sind als herkömmliche Bauweisen, sofern sie keine Nachteile erwarten lassen.
Zudem ist zu berücksichtigen, dass es hier ausschließlich um Kostenreduzierungen im Bereich der Baukonstruktion geht. Die letztlich zu zahlenden Gesamtkosten eines Hauses werden jedoch darüber hinaus von einer Vielzahl weiterer Faktoren bestimmt, wie die bauwerksunabhängige Ausstattung, bei teilfertigen Häusern die Kosten für die gewählten Ausbaumaterialien und Kosten aufgrund aufwändiger Architektur. In den meisten Fällen kommen allerdings insbesondere die oft hohen Grundstückskosten dazu. Selbst Häuser, bei denen eine Vielzahl der hier dargestellten kostensenkenden Maßnahmen umgesetzt wurde, können daher aufgrund anderer Einflussfaktoren unterm Strich alles andere als »kostengünstig« ausfallen.
Auch bei den im Rahmen der Forschungsarbeit unter dem Oberbegriff des »Kostengünstigen Bauens« untersuchten Häusern gibt es – teilweise erhebliche – Preis- und Qualitätsunterschiede. Die Spanne reicht von Gebäuden »üblichen« Standards, bei denen die Baukosten durch einzelne Sparmaßnahmen auf etwa 1000 –1200 €/m^2 gesenkt wurden, bis hin zu Häusern, bei denen durch einen deutlich reduzierten Standard auf bis zu 600 €/m^2 minimierte Baukosten erzielt wurden.

[1] Die Arbeit wurde mit Mitteln des Bundesamtes für Bauwesen und Raumordnung (BBR) gefördert.

Wohnsiedlung Eichenau
Gasteiger Architekten, München
Projekt: siehe Seite 90

EINFLUSSFAKTOREN

Neben den Einsparungen im Bereich der Baukonstruktion, die Thema dieses Buches sind und im Kapitel »Bauteilbezogene Möglichkeiten der Kostensenkung und ihre potenziellen Schwachstellen« detailliert vorgestellt werden, gibt es eine Reihe weiterer Bereiche, die Kosteneinsparungen ermöglichen. Prinzipiell lassen sich die unterschiedlichsten Maßnahmen, durch die Kosteneinsparungen bei Einfamilienhäusern erzielt werden können, in drei Kategorien einteilen:

Entwerferische Maßnahmen

Bereits der Entwurf hat erhebliche Auswirkungen auf die Baukosten eines Hauses, angefangen beim Städtebau. Durch fußläufig erschlossene Siedlungsstrukturen mit vorgelagerten Sammelstellplätzen lassen sich Boden- und Erschließungskosten einsparen. Anstelle einer Vielzahl befahrbarer Wege wird ein flächendeckendes Fußwegenetz entwickelt, das als halb öffentlicher Außenraum die oft minimierten privaten Hausgärten ergänzt. Auf der Hauseingangsseite ist der Übergang öffentlicher und privater Zonen aus diesen Gründen oft fließend. Der Straßenraum fördert durchweg die nachbarschaftliche Kommunikation, überdachte Stellflächen können in diesem Sinn auch als Gemeinschaftsflächen genutzt werden.

Schlichte, rechteckige Bauformen mit einfachen Pult- oder Satteldächern sind in der Ausführung und hinsichtlich des zu erwartenden Energiebedarfs kostengünstiger als verschachtelte Gebäude mit mehrfach abgewickelten Dächern.

Flexible Grundrisse mit gleich großen Räumen lassen unterschiedliche Variationen und Kombinationen der Nutzung zu. Hierdurch können die über die Nutzungsdauer eines Gebäudes sich verändernden Lebensumstände berücksichtigt werden. So kann ein bei Gebäudeerrichtung nicht genutzter Raum im Dachgeschoss nach weiterem Ausbau zunächst als Elternschlafzimmer dienen, zu einem späteren Zeitpunkt den heranwachsenden Kinder als Zimmer oder je

nach Größe als erste eigene Wohnmöglichkeit und nach deren Auszug beispielsweise zu einem Hobbyraum umfunktioniert werden.
Bei der Grundrissplanung sollten reine Verkehrsflächen vermieden werden, da diese Flächen ohne Wohnwert die ohnehin nur begrenzt zur Verfügung stehende Wohnfläche des Gebäudes reduzieren. Der Verzicht auf nicht notwendige Innenwände, etwa zwischen Wohnraum und Küche, lässt das Raumgefüge großzügiger erscheinen.
Bei der Wahl der Fenster ist zu berücksichtigen, dass mittelgroße Standard-Fensterformate und identische Formate innerhalb eines Hauses einer Vielzahl unterschiedlicher, eventuell speziell angefertigter Fenstergrößen vorzuziehen sind.
Grundsätzlich sollten entwerferische Besonderheiten, die konstruktiv aufwändige Detaillösungen erforderlich machen, vermieden werden.
Im Stadium der Gebäudeplanung sind die Möglichkeiten der Kostenbeeinflussung am größten, je später Änderungen vorgenommen werden, desto höher steigen die Kosten hierfür. Ein größerer Aufwand bei der Planung macht sich daher letztlich meistens bezahlt.

Organisatorische Maßnahmen

Intelligente Organisation des Bauablaufs, Just-in-time-Lieferung benötigter Materialien oder die Verwendung standardisierter, vorgefertigter Bauteile sind weitere Faktoren zur Senkung der Baukosten.
Vorfertigung bedeutet: witterungsunabhängiges Zusammenfügen einzelner Elemente im Werk bei Einhalten einer größtmöglichen Maßgenauigkeit, die auch bei sorgfältiger handwerklicher Fertigung auf der Baustelle nicht gewährleistet werden kann. Bereits beim Entwurf muss die Verwendung von Fertigteilen eingeplant werden, da diese zumeist nur in vorgegebenen Größen lieferbar sind, wodurch die Berücksichtigung eines Rastermaßes bei der Grundrissgestaltung sinnvoll werden kann. Die angestrebte Rationalisierung wird durch Kombination vorgefertigter Bauteile mit schneller Weiterverarbeitung erreicht. Dach- und Deckenbauteile können als hausbreite Elemente, Wandbauteile sowie Fenster und Türen als raumhohe Einbauten geliefert und verbaut werden. Auch Treppen werden als geschossweise vorgefertigte Treppenläufe auf die jeweiligen Deckenflächen aufgesetzt.
Bei Anlieferung und Verbau solch großformatiger Elemente muss meist eine entsprechende Fläche für den Einsatz von Kränen bereits zu Beginn der Baumaßnahmen bereit gestellt werden.
Potenziert werden Einspareffekte durch höhere Stückzahlen identischer oder ähnlicher Gebäude, wie sie bei Reihen- oder Doppelhäusern üblich sind. Zudem sorgt eine Beschränkung von Konstruktionen und Materialien, die ansonsten in unterschiedlichen Varianten auf dem Markt sind und eine umfangreiche Detailkenntnis des Verarbeiters voraussetzen, durch immer wiederkehrende Bauabläufe und Einbausituation für eine erhöhte Ausführungssicherheit. Ab Bauserien von etwa 20 Einheiten wirken sich die Vorteile des so genannten Bautaktverfahrens sowie Ersparnisse aufgrund serieller Vorfertigung kostenreduzierend auf Einzelobjekte aus.
Das Bautaktverfahren bedeutet das Einhalten eines präzisen Zeitplans, wodurch zum Beispiel eine gegenseitige Behinderung unterschiedlicher Gewerke auf der Baustelle nahezu ausgeschlossen ist. Unnötige und unproduktive »Leerzeiten« der Handwerker werden ebenso vermieden wie lange Lagerzeiten der Baustoffe vor Ort. Personal und Material sind also auf Abruf einsatzbereit.
Insbesondere bei größeren Neubausiedlungen werden die Kolonnen »reihenweise« eingeplant und so ein schnellstmöglicher Baufortschritt erreicht. Während in der ersten Reihenhauszeile bereits Ausbaugewerke tätig sind, steht die zweite Reihe noch im Rohbau, in der dritten werden möglicherweise zur gleichen Zeit die Fundamentgräben ausgehoben.

Kostengünstige Konstruktionen und Materialien

Grundsätzlich ist bei umfangreichen Kosteneinsparungen zu berücksichtigen, dass Bauteile, die nach der Gebäudefertigstellung nur noch mit erheblichen Aufwand zugänglich sind (zum Beispiel Fundamentaufmauerungen oder begrünte Dachflächen), trotz aller Sparbemühungen so ausgeführt werden sollten, dass das Schadenrisiko minimiert wird.

> Zu den nach Baufertigstellung nicht mehr veränderbaren Einsparpotenzialen gehört die Unterkellerung eines Gebäudes. Verzichtet man auf ein Untergeschoss, werden zwar zunächst der erforderliche Bodenaushub sowie Baukosten für die Materialien gespart, es ist jedoch zu berücksichtigen, dass unter Umständen auf dem Grundstück ein Kellerersatzraum untergebracht werden muss, wodurch die bei kostengünstig errichteten Häusern ohnehin meist begrenzte Fläche der Außenanlagen weiter reduziert wird.

> Tragende Wände sollten auf das statisch und akustisch notwendige Minimum reduziert werden, da der hierdurch erreichte Flächengewinn den zumeist gering bemessenen Raumgrößen zugute kommt.

> Die Verwendung großformatiger Elemente führt ebenfalls zu Einsparungen während der Gebäudeerrichtung und lässt aus bautechnischer Sicht meist keine Nachteile erwarten.

> Beim Einbau raumhoher Tür- und Fensterzargen entfällt die gesamte Sturzkonstruktion. Dies führt zudem zu einer besseren Belichtung der Räume, im Bereich von Innenwänden werden je nach gewählter Konstruktion durch raumhohe Türzargen Rissbildungen ausgehend von den oberen Türecken vermieden. Je nach Raumnutzung als störend empfundene Oberlichter können auf einfache Weise durch nicht transparente Füllungen ersetzt werden.

> Werden Decken aus Fertigteilen zusammengesetzt, sollten die unterseitig verbleibenden Fugen verspachtelt werden, um die Akzeptanz beim späteren Nutzer zu erhöhen. Bei Überlegungen für oder gegen den Einbau eines Verbundestrichs ist zu berücksichtigen, dass der hausinterne Schallschutz deutlich herabgesetzt wird. Im Nachhinein sind Auswirkungen der getroffenen Entscheidung nur unter großem Kostenaufwand beziehungsweise nicht abzuändern.

> Durch das Anordnen von Küche/Gäste-WC und Bädern an einem Installationsstrang können in erheblichem Maße Kosten beim Verlegen von Installationsleitungen eingespart werden. Das Unterbringen der Heiztherme im Dachgeschoss ermöglicht den Verzicht auf einen Schornsteinzug durch das gesamte Gebäude.

> Auch die Steigungsverhältnisse einmal eingebauter Treppenkonstruktionen sind aufgrund der angrenzenden Einbauten später nicht mehr veränderbar. Steile Treppen können bei Gebäudeerrichtung vom Nutzer problemlos zu begehen sein und dennoch aufgrund veränderter Lebensbedingungen nach einigen Jahren ein hohes Unfallrisiko bergen. Einfache Materialien können hingegen auch nachträglich ausgetauscht werden – unter Umständen mit großem Aufwand.

Vier Häuser in Limburg
Winfried Gros, Limburg
Projekt: siehe Seite 82

Im Gegensatz zu den zuvor beschriebenen Maßnahmen können Ausstattungsdetails eines Gebäudes zunächst als preiswerte Variante eingebaut und zu einem späteren Zeitpunkt ohne großen Aufwand verbessert oder ersetzt werden. Hierzu zählen die Oberflächenbehandlung der Wände und Decken oder die Auswahl der Sanitärgegenstände. Innentüren können ebenfalls durch einen Austausch von Blatt und Rahmen erneuert werden, was allerdings wiederum mit höherem Aufwand verbunden ist. Fensterflächen können auch nachträglich mit Rollläden versehen werden. Hierbei ist zu berücksichtigen, dass im Nachhinein auf die Außenwände montierte Rollladenkästen optisch meist nicht als ansprechend empfunden werden.
Die umfangreichste und kostenaufwändigste Veränderung eines Gebäudes stellt der Ausbau des Dachraumes dar. Durch diese Erweiterung der Wohnfläche wird der Wert der Immobilie allerdings nachhaltig gesteigert.
Inwieweit sich kostengünstige Konstruktionen und Materialien in Bezug auf Dauerhaftigkeit, Funktionalität und Folgekosten bewähren, wird im Kapitel »Bauteilbezogene Möglichkeiten der Kostensenkung und ihre potenziellen Schwachstellen« beschrieben.
Generell sollte bedacht werden, dass sich auf Dauer nur Sparmaßnahmen bezahlt machen, deren Folgekosten unter der Summe aus anfänglich erzielten Kosteneinsparungen und später eingesparten Zinsen liegen.

Niederländische Bauweisen

Verglichen mit der Bundesrepublik Deutschland sind in den Niederlanden die Baukosten für Wohngebäude erheblich geringer. Sie betragen im Optimalfall sogar nur 50 % des hierzulande Üblichen. Diese Differenz ist auf das Zusammentreffen mehrerer Einflussfaktoren zurückzuführen: unterschiedliche gesetzliche Bestimmungen und Normen, die teilweise deutlich niedrigere Mindeststandards formulieren, Vereinfachungen der Gebäude in Form reduzierter Ausstattungsqualität sowie Rationalisierungsmaßnahmen des Planungs- und Bauprozesses.
Bereits in der Planungsphase, meist schon unmittelbar nach Vorlage des Architektenentwurfs, schließen sich Bauherr, Architekt, Statiker, Fachingenieure und Generalunternehmer zu einem Bauteam zusammen. Diese Gruppe sorgt für die Umsetzung kostengünstiger Konstruktionen und entsprechender Detaillierung der Gebäude. Bei Mindestsiedlungsgrößen von mehr als 30 Häusern trägt der größtmögliche Einsatz vorgefertigter und teilvorgefertigter Bauelemente in Verbindung mit durchdachter Baustellenorganisation (Bautaktverfahren) ebenso zu Kostensenkungen bei wie die Ermittlung eines optimalen Gebäudezuschnittes. Eine Gebäudebreite bis 6 Meter ermöglicht eine Minimierung der statisch erforderlichen Deckendicke, eine Gebäudetiefe bis ca. 10 Meter sorgt für eine gute Belichtung der Räume. Hierzulande bereits als niedriger Komfortstandard empfundene Reduzierungen der Wohnungsgröße oder der Innenausstattung werden in den Niederlanden auch im frei finanzierten Wohnungsbau, also beispielsweise bei Einfamilienhäusern als üblich hingenommen.
Im Regelfall wird auf ein vollwertiges Kellergeschoss verzichtet. Hierdurch entfallen die Kosten für das Ausheben der Baugrube. Stattdessen werden belüftete Kriechkeller ausgeführt, deren Boden aus einem Sand-Rohplanum besteht. Der 60 bis 100 cm hohe Luftraum unter der Erdgeschoss-Bodenplatte dient als Installationsebene, die eine einfache Verlegung von Leitungen

ermöglicht. Über eine im Hauseingangsbereich in die Bodenplatte eingebauten Luke bleibt sie leicht zugänglich. Aufwändige Abdichtungsmaßnahmen, die in den deutschen Regelwerken vorgeschrieben sind, entfallen. Die Bodenplatte wird aus vorgefertigten Stahlbetonplatten oder Hohlkörperdecken zusammengesetzt, an die auf der Unterseite bereits ab Werk Dämmplatten anbetoniert sind (s. S. 37).
Außenwände werden auch im erdberührten Bereich meist zweischalig mit einer tragenden Schale aus Stahlbetonfertigteilen oder Kalksandsteinplanelementen und einer Verblendschale mit dazwischen liegender Kerndämmung hergestellt.
Häufig werden auf den Rohdecken bereits die Zargen der Innentüren und Lehren für die Mauerwerksöffnungen der Fenster aufgestellt, das Mauerwerk wird an diese herangeführt. So wird einerseits das Mauern beschleunigt, andererseits können die Rohbautoleranzen der Öffnungen verringert werden.
Durch raumhohe Fensterelemente kann auf die kostenintensive Ausbildung eines Fenstersturzes verzichtet werden. Wird der obere Teil der Öffnung nicht mit einer Festverglasung geschlossen, werden stattdessen Sandwichelemente wie zum Beispiel Sperrholzpaneele verwendet. Rollladenkästen werden in der Regel nicht in die Außenwand integriert. Großformatige Fensterflächen sind insbesondere im Erdgeschoss oft als Festverglasung ausgeführt. Der notwendige Luftwechsel wird dann über die in den Fensterrahmen eingebauten Lüftungselemente gewährleistet. Zu öffnende Fenster weisen einen einfachen Fensterfalz mit Lippendichtung auf. Auch die Beschläge der Fensterkonstruktionen entsprechen nicht einem in Deutschland üblichen

Haustüren ohne Stufenfalz in der Laibung können zu Luftdichtheitsproblemen führen

Links alle drei:
Kostengünstige Reihen- und Doppelhäuser nach niederländischem Vorbild

Standard; anstelle der Dreh-Kipp-Beschläge werden aufschwenkbare Fensterflügel verwendet, die mit Feststellelementen ausgestattet sind. Als Geschossdecken werden ähnliche Fertigteile verbaut wie im Bereich der Bodenplatte. Auf die aus wärmeschutztechnischen Gründen unter der Bodenplatte erforderliche Dämmung kann bei den übrigen Geschossdecken verzichtet werden. Kommen Filigrandecken zum Einsatz, werden diese oberseitig vor Ort mit Beton vergossen. Das Fertigteil bildet somit die Schalung für den aus statischen Gründen notwendigen Aufbeton. Die Deckenunterseiten werden üblicherweise unmittelbar gestrichen, sodass die Elementfugen von der Unterseite aus sichtbar sind, sofern sie vom späteren Hauseigentümer nicht in Eigenleistung verspachtelt wurden. Anstelle des in Deutschland üblichen schwimmenden Estrichs mit Trittschalldämmung wird auf die Decke lediglich ein Verbundestrich aufgebracht, was einen deutlich reduzierten Schallschutz zur Folge hat.

Niederländische Treppe mit extrem steilem Steigungsmaß

Innenwände werden als leichte, beidseitig beplankte Metallständerkonstruktionen also in Trockenbauweise erstellt beziehungsweise aus raumhohen, 1 Meter breiten Porenbetonelementen oder Gipsdielen zusammengesetzt. Kostenintensive Maurerarbeiten im Gebäudeinnern entfallen somit. Zur Decke hin werden die Elemente mit Polyurethanmontageschaum fixiert. Die Wandoberflächen werden nicht verputzt, sondern lediglich die Fugen zwischen den Bauplatten oder Plansteinen verspachtelt. In die zwischen einzelnen Wandelementen verbleibenden Türöffnungen werden Stahlzargen mit feststehenden Oberlichtern eingebaut, sodass auch hier die aufwändigere Konstruktion der Türstürze entfällt. Die Dicken der Wände sind unter Vernachlässigung des internen Schallschutzes auf das statisch notwendige Minimum begrenzt.
Treppen in niederländischen Einfamilienwohnhäusern werden normalerweise als vorgefertigte Holzkonstruktionen an die Baustelle geliefert und eingebaut. Kennzeichen dieser Wangentreppen ist ein sehr steiles Steigungsverhältnis. Durch eine geringe Auftrittstiefe verbunden mit einer größeren Stufenhöhe werden Flächenbedarf und Materialverbrauch minimiert – teilweise bis an die Grenze des Komforts und der Unfallsicherheit. Sind die Holzoberflächen gestrichen, zeigen sich bereits kurz nach Bezug des Gebäudes erste Abnutzungserscheinungen. Knarrgeräusche aufgrund einfacher Holzverbindungen sind nicht selten und nach niederländischem Recht nicht zu beanstanden. Grundsätzlich liegt der Standard der Innenausstattung eines niederländischen Wohngebäudes erheblich unter einem in Deutschland üblichen.
Der Bauablauf wird so koordiniert, dass zunächst nur die tragenden Wände errichtet werden und die Treppe als Fertigteil eingestellt wird. Notwendige Materialien für nicht tragende Innenwände und den übrigen Innenausbau werden vor Montage der Zwischendecken geschossweise im Rohbau abgelegt und zwischengelagert, um nach Fertigstellung der regendichten Hülle verarbeitet zu werden.
Die Dächer werden als wärmegedämmte, großformatige Segment- oder Klappdächer vorgefertigt. Die Elemente reichen einteilig von der Traufe bis zum First, bei der Ausführung als Klappdach sind sie entlang der späteren Firstlinie mit Scharnieren verbunden. Nach dem Transport zur Baustelle und der Montage an den bereits einge-

Durchfeuchtungen am seitlichen Fensterbankanschluss aufgrund fehlender Fensterbankaufkantung

bauten Pfetten müssen innenseitig lediglich noch Fugen verschlossen, außenseitig die Eindeckung aufgebracht werden.
Die Heiztherme wird im Dachgeschoss aufgestellt, ein Schornsteinschacht durch das gesamte Gebäude ist nicht erforderlich. Heizleitungen werden auf Putz oder im Estrich verlegt. Sämtliche Hausanschlüsse werden meist im Eingangsbereich in einem kompakten Schrank (»Messschrank«) untergebracht. Die Elektroleitungen werden in Leerrohren in Decken oder Wänden verlegt, Schalter oder Steckdosen sitzen meist auf der Wandoberfläche.
Die beschriebene typisch niederländische Ausführung einzelner Bauteile zeigt, dass einige Einsparungsmöglichkeiten aus unterschiedlichen Gründen in Deutschland nicht zum Tragen kommen können, andere sich auch hierzulande mühelos anwenden lassen.

Standardabweichungen beim kostengünstigen Bauen

Der Käufer oder Bauherr eines Hauses kann prinzipiell erwarten, dass dieses frei von Mängeln ist. Das Bürgerliche Gesetzbuch (BGB) formuliert allgemein: »Der Unternehmer hat dem Besteller das Werk frei von Sach- und Rechtsmängeln zu verschaffen.« (§ 633,1) Doch wann genau ist ein Einfamilienhaus »mangelfrei«? Generell lässt sich der Begriff »Mangel« definieren als Abweichung des Ist-Zustandes vom Soll-Zustand. Im BGB heißt es hierzu weiter: »Das Werk ist frei von Sachmängeln, wenn es die vereinbarte Beschaffenheit hat. Soweit die Beschaffenheit nicht vereinbart ist,

1. ist das Werk frei von Sachmängeln, wenn es sich für die nach dem Vertrag vorausgesetzte, sonst
2. für die gewöhnliche Verwendung eignet und eine Beschaffenheit aufweist, die bei Werken der gleichen Art üblich ist und die der Besteller nach der Art des Werkes erwarten kann [...]« (§ 633,2)

Diese Formulierung ist sehr allgemein gehalten und lässt großen Interpretationsspielraum, sofern nicht sämtliche Detailpunkte aufs Genaueste vertraglich geregelt werden. Dies ist bei derart vielschichtigen Produkten wie Gebäuden nicht möglich. Daher ist kaum zu vermeiden, dass es regelmäßig zu Auseinandersetzungen darüber kommt, ob der realisierte Zustand eines Gebäudes beziehungsweise eines Bauteils sich für die »gewöhnliche Verwendung« eignet beziehungsweise eine »übliche Beschaffenheit« aufweist – sprich: mangelfrei ist. Aber selbst bei vertraglich geregelten Punkten kann es zu Streit darüber kommen, ob die vereinbarten Kriterien erfüllt wurden oder nicht.
Die VOB (Vergabe- und Vertragsordnung für Bauleistungen) definiert in ihrem Teil B, dass Eignung für die »gewöhnliche Verwendung« und »übliche« Beschaffenheit vorliegen, wenn der ausgeführte Zustand den »anerkannten Regeln der Bautechnik« (a.R.d.Bt.) entspricht. Dies sind Regeln zur Planung und Herstellung von Bauwerken, die

1. als wissenschaftlich richtig anerkannt,
2. unter gut vorgebildeten Technikern allgemein bekannt,
3. durch fortwährende praktische Anwendung bewährt sind.

Welche Regelwerke allerdings anerkannte Regeln der Bautechnik sind, muss immer wieder neu im Einzelfall entschieden werden. DIN-Normen haben zwar die Vermutung für sich, anerkannte Regeln der Bautechnik zu sein, diese Vermutung ist jedoch widerlegbar, wenn der Nachweis erbracht werden kann, dass die Regelungen der Norm beispielsweise veraltet sind. Zudem ist der Umkehrschluss unzulässig, dass nicht in Normen aufgeführte Bauweisen in jedem Falle auch nicht den anerkannten Regeln der Bautechnik entsprächen.
Allgemeine Bekanntheit und Praxiserfahrung sind Voraussetzung für Übereinstimmung mit den anerkannten Regeln der Bautechnik. Gerade beim kostengünstigen Bauen finden jedoch gerne neue, besonders preisgünstige Lösungen

Anwendung. Sofern sich das Bauwerk gemäß BGB »für die nach dem Vertrag vorausgesetzte Verwendung eignet«, liegt in diesen Fällen nicht automatisch ein Mangel vor. Frühzeitiger Instandsetzungsbedarf und Austausch von Bauteilen dürfen allerdings nur erforderlich werden, sofern die Verwendung kurzlebiger Komponenten zur Reduzierung der Erstellungskosten ausdrücklich vereinbart war.

Anbieter neuer Produkte werben häufig mit »allgemeinen bauaufsichtlichen Zulassungen« oder »allgemeinen bauaufsichtlichen Prüfzeugnissen«. Diese Zeugnisse und Zulassungen des Deutschen Instituts für Bautechnik (DIBt) bescheinigen jedoch keine außergewöhnliche Qualität, sondern lediglich, dass diese, noch nicht den allgemein anerkannten Regeln der Bautechnik entsprechenden Bauprodukte keine Gefährdung der Sicherheit darstellen! Der Hinweis darauf sollte also eher aufhorchen lassen. Es ist zudem genau zu prüfen, ob das beworbene Produkt tatsächlich für den vorgesehenen Einsatzzweck zugelassen ist.

Prinzipiell gilt, dass Bauleistungen nicht allein aufgrund einer Regelwerksabweichung mangelhaft sind. Selbstverständlich dürfen aber auch kostengünstigste Ausführungen keine Schäden aufweisen.

Unabhängig hiervon werden bei Häusern, wie bei anderen Gebrauchsgegenständen auch, selbstverständlich unterschiedliche Qualitätsstandards realisiert, die sich nicht nur auf das Erscheinungsbild, sondern auch auf den Nutzungskomfort, den Instandhaltungsbedarf und die technische Lebensdauer auswirken.

Dass man bei einfachem und kostengünstigem Standard nicht das Gleiche erwarten kann wie bei hohem, leuchtet wohl prinzipiell jedem Beteiligten ein. Dies wird daher in vielen Punkten bei Vertragsabschluss zwischen Bauherr und Architekt oder Bauherr und Bauträger als selbstverständlich vorausgesetzt, auf ausdrückliche vertragliche Vereinbarung wird bei einer mehr oder weniger großen Zahl an Details verzichtet. Kommt es später dennoch zum Streit darüber, ob die Ausführung bestimmter Bauteile mangelhaft ist, gerät die Auseinandersetzung allerdings immer wieder zum verbissen geführten Prinzipienstreit. Bauherr oder Käufer werfen dem Architekten, dem Verkäufer oder dem Bauunternehmer »Pfusch am Bau« vor, während diese sich auf den Standpunkt stellen, dass der Bauherr/Käufer ungerechtfertigt den Anspruch auf eine »Luxuslimousine« erhebt, obwohl er doch nur einen »bescheidenen Kleinwagen« bestellt und – vor allem – bezahlt hat. In extremen Fällen werden nun vom Hauseigentümer sogar Ausführungen bemängelt, nur weil sie nicht in Regelwerken genannt werden, obwohl sie voll gebrauchstauglich sind und keinerlei negative Auswirkungen auf Langlebigkeit, Funktionalität oder auch Optik erwarten lassen. Die Ersteller des Gebäudes berufen sich auch bei offensichtlichen Schäden auf die vermeintliche Hinnehmbarkeit aufgrund der kostengünstigen Bauweise.

Um allen Beteiligten eine Orientierungshilfe bei der Bewertung kostengünstiger Baukonstruktionen zu geben, haben die Autoren dieses Buchs die im Kapitel »Bauteilbezogene Möglichkeiten der Kostensenkung und ihre potenziellen Schwachstellen« detailliert aufgeführten und erläuterten Konstruktionen, die typisch für kostengünstige Bauweisen sind, in vier Kategorien eingeteilt.

Bei Konstruktionen der Kategorie A handelt es sich um Möglichkeiten zur Kostensenkung, die gegenüber herkömmlichen Ausführungen größtenteils keinerlei Nachteile erwarten lassen. Solche inzwischen vielfach bewährten Details werden mittlerweile häufig auch bei kostenintensiver Architektur verwendet. Lediglich bei wenigen Punkten ist mit relativ geringfügigen Standardabweichungen bei Komfort oder Optik zu rechnen.

In Kategorie B wurden Konstruktionen eingeordnet, die zwischen Architekt und Bauherr ausdrücklich vereinbart werden sollten bezie-

Alter Gutshof in Hannover-Marienwerder
Raumplan 3, Kellner Schleich Wunderling, Hannover
Projekt: siehe Seite 98

hungsweise auf deren Ausführung ein Bauträger die Käufer seiner Häuser explizit hinweisen sollte und/oder bei denen mit besonderer Sorgfalt bei Planung und Erstellung vorgegangen werden muss. Bei einigen der Punkte handelt es sich lediglich um Abweichungen vom Gewohnten, andere bringen Komforteinbußen mit sich. Eine Verminderung der Dauerhaftigkeit ist auch hier nicht zu erwarten.

Sollen die Baukosten auf ein Minimum gesenkt werden, können zusätzlich zu den Maßnahmen der Kategorien A und B Konstruktionen der Kategorie C Verwendung finden. Sie bringen teilweise erhebliche Komforteinbußen mit sich oder lassen die Erfordernis eines frühzeitigen Austauschs von Bauteilen erwarten. Auch hier gilt wieder, dass sich dies auf Dauer nur dann rechnet, wenn die Folgekosten deutlich unter den anfänglich gesparten Kosten zuzüglich der erzielten Zinsvorteile liegen.

In Kategorie D eingestufte Ausführungsvarianten sollten vermieden werden. Ihre Nachteile stehen in keinem sinnvollen beziehungsweise wirtschaftlichen Verhältnis zur erzielten Kostenersparnis.

Wie die Übersicht der Kategorien zeigt, lässt sich die Mehrzahl der vom Aachener Institut für Bauschadensforschung und angewandte Bauphysik bei kostengünstig erstellten Einfamilienhäusern vorgefundenen Maßnahmen zur Senkung der Baukosten relativ problemlos anwenden, ohne dass dies inakzeptable Konsequenzen hätte. Vielmehr lässt sich vor dem Hintergrund der eingesparten finanziellen Mittel auch mit den meisten Abweichungen vom gewohnten Standard gut leben. Lediglich Konstruktionen der Kategorien C und D sollten möglichst gemieden werden.

Um spätere Auseinandersetzungen zu vermeiden, sollten einerseits im Vorfeld möglichst genaue Vereinbarungen über die Bauausführung getroffen werden. Diese sollten allerdings nicht zu enge Eingrenzungen für den Unternehmer setzen. So sollte nicht festgelegt werden, dass ausschließlich Produkte bestimmter Marken verwendet werden dürfen, statt dessen sollten bestimmte Produktqualitäten und Standards vereinbart werden. Bei Sanitärgegenständen kann beispielsweise formuliert werden »Marke XY oder gleichwertig«, bei Innenwänden sollten die Ausführung als Massiv- oder Leichtbauwand sowie das Schallschutzniveau geregelt sein, zum Beispiel »7-cm-Gipsdielen oder gleichwertig«. Andererseits sollten sich insbesondere Bauherren und Käufer kostengünstiger Häuser darüber bewusst sein, dass das handwerklich bei Wind und Wetter hergestellte Produkt Bauwerk nicht von gleicher Perfektion sein kann wie ein industriell gefertigtes Großserienprodukt.

KATEGORIE A:

Kosteneinsparung problemlos möglich und empfehlenswert; gegebenenfalls reduzierter Standard:

> Ausführung von Bodenplatte oder Keller in WU-Beton mit Folienabdeckung ohne zusätzliche Abdichtung trotz hochwertiger Kellernutzung

> Minimierte Dicke der tragenden Schale der Außenwände – unter Umständen wird hierbei ein statischer Nachweis erforderlich; je nach Situation sind Schallschutzanforderungen zu berücksichtigen

> Monolithische Außenwandkonstruktion ohne Zusatzdämmung – möglich bei Einhaltung des geforderten Wärmeschutzes und sorgfältiger Detailplanung einbindender Bauteile

> Ausführung der Kellerdecke und der Zwischendecken aus vorgefertigten oder teilvorgefertigten Elementen (beispielsweise Hohlkörperelementen)

> Vollholzbalken auch bei großen Spannweiten – sorgfältige Planung und Ausführung der Außenwanddurchführungen erforderlich

> Nicht tragende Innenwände in Leichtbauweise – besondere Ausführungssorgfalt erforderlich

> nicht tragende, massive Innenwände aus dünnen Gipsdielen oder Porenbetonelementen – nur mittelmäßiges Schallschutzniveau zwischen den Räumen

> Deckenhohe/raumhohe Fenster ohne eigenen Sturz

> Verzicht auf Rollläden – eine Möglichkeit zur »integrierten Nachrüstung« sollte vorgesehen werden

Einfamilienhaus im Niddatal
Boch+Keller, Darmstadt
Projekt siehe Seite 114

Kategorie B:

Kosteneinsparung möglich bei ausdrücklicher Vereinbarung beziehungsweise Hinweis auf die Besonderheiten der Konstruktion und/oder mit besonderer Sorgfalt bei Planung und Ausführung

> Nicht abgedichtete Kriechkeller und zweischalig bis zum Fundamentabsatz geführte Außenwandkonstruktionen

> An Gebäudetrennfugen durchlaufende »Weiße Wanne« – Verminderung des Schallschutzes zwischen den Häusern

> Minimierte zweischalige Haustrennwände – unter Umständen werden lediglich die Mindestanforderungen an den Schallschutz nach DIN 4109 erfüllt

> Sichtbare Elementstöße bei Fertigteildecken – optische Besonderheit, wenn gewünscht leicht zu beseitigen

> Dachfertigelemente – luftdichte Ausführung der Außenwandanschlüsse erforderlich; Dachflächenfenster beim Dachausbau nicht in beliebiger Größe und Postionierung einbaubar

> Raumhohe Türzargen – Einbinden in den Estrich muss vermieden werden

> Einfache Konstruktion der Fenster (beispielsweise einfache Beschläge oder Festverglasung)

> Nicht marktgängige Heizungen – Folgekosten (Wartung etc.) sollten deutlich unter Erstinvestitionseinsparungen zuzüglich Zinseinsparungen liegen

> Anordnung der Heizung unter dem Dach – funktionale Einschränkungen müssen berücksichtig werden

> Verlegung der Heizleitungen auf Putz, im Estrich oder in der Decke – gegebenenfalls eingeschränkte Möblierbarkeit und erhöhte Schallübertragung

> Heizzentrale für mehrere Häuser – Leitungen sollten möglichst unkompliziert zugänglich bleiben

> Verwendung von Lagerbeständen bei uneingeschränkter Gebrauchstauglichkeit

> Rigolenentwässerung – Gebrauchstauglichkeit der Außenanlagen muss gewährleistet sein

Kategorie C:

Kosteneinsparung möglich bei angestrebter äußerster Minimierung der Baukosten

> Einschalige Trennwände bei Reihen- und Doppelhäusern – zumeist inakzeptables Schallschutzniveau

> Verbundestrich – niedriges Schallschutzniveau

> Innentüren geringer Qualität – unter Umständen frühzeitige Überarbeitung oder Austausch erforderlich

> Einfache Ausbaumaterialien (beispielsweise Sanitärgegenstände) – gegebenenfalls geringere Dauerhaftigkeit

> Treppe in einfacher Ausführung – unter Umständen frühzeitige Überarbeitung oder Austausch erforderlich

Kategorie D:

Nicht empfehlenswert, da die Nachteile deutlich überwiegen

> Verblendschale durchgehend vor zweischaliger Haustrennwand – erhöhte Schallübertragung zwischen den Häusern

> Geringe Material- und Ausführungsqualität der Fenster – frühzeitiger, kostenintensiver Austausch erforderlich

> Steiles Steigungsmaß bei Treppen – Unfallgefahr

> Elektrisch betriebene Heizsysteme – ökologisch nicht zu vertreten, seit Einführung der Energieeinsparverordnung praktisch nicht mehr einsetzbar

Wohnen am Otto-Maigler-See in Hürth
Planungsbüro Kühn Meurer Danke, Aachen
Projekt siehe Seite 106

Schwachstellenvermeidung bei Eigenleistungen

Durch Eigenleistung beim Hausbau lassen sich erhebliche Summen einsparen. Insbesondere, wenn aufgrund eines knappen Budgets ohnehin besonders kostengünstig gebaut werden soll, werden Arbeiten wie Verlegen der Bodenbeläge, Fertigstellen der Außenanlagen oder sogar der komplette Ausbau des Dachgeschosses von den Bauherren häufig selbst durchgeführt.

Bei schlüsselfertig erstellten Häusern sind bei zuletzt genanntem Punkt zwei Situationen zu unterscheiden: handelt es sich um ein bezugsfertiges Haus mit Ausbaureserve im Dachgeschoss oder ist der Ausbau des Daches notwendig, um das Gebäude fertig zu stellen? Im ersten Fall wurde die Decke zwischen oberstem Vollgeschoss und Dachgeschoss ausreichend wärmegedämmt, die in Baubeschreibung und Kaufvertrag angegebene Wohnfläche ist exklusive der Fläche unterm Dach. Im zweiten Fall wurde die Decke nicht oder unzureichend gedämmt, da ein Ausbau des Dachgeschosses mit Dämmung der Dachschrägen vorausgesetzt wird. In diesem Fall wird die Geschossfläche unter Umständen in die Wohnflächenberechnung mit einbezogen. Hierdurch ergibt sich zwar ein günstigerer Baupreis pro Quadratmeter, dieser relativiert sich jedoch, da ein nicht unbedeutender Anteil der Gesamtwohnfläche lediglich als »Edelrohbau« im Kaufpreis des Hauses enthalten ist. Der Ausbau des Dachgeschosses, zumindest aber dessen Dämmung, ist dann unbedingt erforderlich, um die wärmedämmende Hülle des Hauses zu komplettieren und somit Wärmeverluste und eventuell Bauschäden zu vermeiden. Insbesondere bei der Verwendung vorgefertigter Segment- oder Klappdächer (s. S. 53) ist zumindest dieses Problem gelöst, da die Dachelemente wärmegedämmt sind. Dennoch ist auch hier zu hinterfragen, inwieweit unfertiger Raum in die Wohnfläche mit einberechnet wurde.

Von dauerhafter Qualität sind die Ergebnisse von Eigenleistungen nur, wenn durch Berücksichtigung wichtiger baukonstruktiver Zusammenhänge Schwachstellen und somit Bauschäden vermieden werden. Um späteren Ärger – und Folgekosten, die die anfänglichen Einsparungen deutlich übertreffen können – zu vermeiden, ist allerdings nicht nur handwerkliches Geschick Voraussetzung, sondern auch Verständnis für die »Funktionsweise« der Konstruktion des Hauses. Einige Hinweise im Folgenden zu besonders kritischen Detailpunkten in den Bereichen Schallschutz, Wärme- und Feuchteschutz, Statik sowie Außenanlagen sollen helfen, hier Fehler zu vermeiden.

Vorweg der vielleicht wichtigste Hinweis: selbst handwerklich sehr begabte und geübte Heimwerker überschätzen immer wieder ihre Fähigkeiten und unterschätzen ihren Zeitbedarf zur Ausführung von Arbeiten beim Hausbau. Man sollte daher genau abwägen, welche Tätigkeiten man sich wirklich zutrauen kann und zeitlich so großzügig planen, dass sämtliche Arbeiten in Ruhe und somit sorgfältig ausgeführt werden können! Bei Unklarheiten über die Ausführung einzelner Punkte – und seien es scheinbar Kleinigkeiten – ist es oft sinnvoll, zunächst einen Fachmann hinzuzuziehen. Dies kann mit unnötig erscheinenden Kosten verbunden sein, sorgt aber für Sicherheit beim weiteren Vorgehen. Keinesfalls sollte man versuchen, Arbeiten »irgendwie« hinzubekommen.

Schallschutz

Eine als unzureichend empfundene Schalldämmung von Wänden und Decken wird schnell auf die Gesamtkonstruktion zurückgeführt. Häufig sind allerdings Ausführungsfehler der Grund für störende Geräuschübertragungen innerhalb des Hauses, denn bereits kleine, als unbedeutend empfundene Schallbrücken senken den Schallschutz eines Bauteils erheblich. Dieser Umstand wird meist zu wenig beachtet. Er ist allerdings gerade bei kostengünstig angebotenen Häusern von Bedeutung, da bei diesen häufig die Bodenbeläge nicht im Preis inbegriffen sind und dann gerne von den Hauskäufern selbst verlegt werden.
Im Bemühen, diese Arbeit möglichst sorgfältig auszuführen, wird dann immer wieder der Bodenbelag ohne jede Fuge bis an die Wand heran verlegt. Insbesondere bei harten Belägen wie Fliesen, Laminat oder Parkett entsteht hierdurch allerdings eine Schallbrücke, die die Wirkung der Trittschalldämmung unter dem schwimmenden Estrichs nahezu aufheben kann! Gehgeräusche werden somit in störendem Maße in das untere Geschoss und auch innerhalb des jeweiligen Geschosses übertragen. Um dies zu vermeiden, sollte der Bodenbelag nur bis an den meist noch herausstehenden Randstellstreifen des Estrichs heran verlegt werden. Wurde der Randstellstreifen bereits abgeschnitten, sollte eine etwa 1 bis 2 Zentimeter breite Fuge zwischen Belag und Wand gelassen werden. Diese wird später mit einem weichen Material – beispielsweise Schaumstoff – verfüllt und kann oberseitig beispielsweise durch eine Fußleiste oder einen flächenbündigen Korkstreifen verdeckt werden.
Ähnlich negativ auf den Schallschutz wirken sich in der Trittschalldämmung eines Bodenaufbaus verlegte Rohre aus (s. S. 74). Diese fallen jedoch meist nicht in den Tätigkeitsbereich von Eigenleistern.
Innenwände ohne tragende Funktion können relativ unkompliziert als leichte Ständerwände selbst errichtet werden. Um zwischen den Räumen eine bestmögliche Dämmung des Schalls zu erzielen, sollte zwischen dem Dämmmaterial dieser Wände und der Beplankung auf einer Seite ein etwa 2 cm breiter Spalt angeordnet werden. Nochmals erhöht werden kann der Schallschutz, wenn zur Befestigung der Beplankung auf einer Seite Federstege verwendet werden. Verbindungen zwischen den Beplankungen auf beiden Wandseiten sind in jedem Fall zu vermeiden! Eine mit durchgehendem Luftspalt und Federstegen ausgestattete Wand in Leichtbauweise bietet übrigens einen deutlich besseren Schallschutz als eine gleich starke Massivwand.
Innentreppen stehen häufig auf der Rohdecke des unteren Geschosses auf und sind an der Stirnseite der oberen Decke befestigt. Immer wieder für Ärger sorgen dabei Treppen, die ohne Trittschalldämmstreifen aufstehen oder an Zwischendecken befestigt sind, beziehungsweise bei denen der später eingebrachte schwimmende Estrich nicht durch Randstellstreifen von der Treppenkonstruktion getrennt wurde. Zudem sollten Treppen nach Möglichkeit nicht an Wänden befestigt werden.

Wärmedämmung

Wird ein Dachgeschoss mit herkömmlich errichtetem Dachstuhl in Eigenarbeit ausgebaut, besteht in der Regel die erste Tätigkeit der zukünftigen Bewohner im Einbringen der Wärmedämmung in die Zwischenräume der Dachsparren. Eine prinzipiell simple Arbeit, die ohne viel Mühe fehlerfrei durchgeführt werden kann. Aus mangelnder Sorgfalt hier dennoch gemachte Fehler können allerdings erhöhte Wärmeverluste, aber auch Bauschäden zur Folge haben. So entstehen durch Lücken in der Dämmung Wärmebrücken, aber auch zu sehr eingepresstes Material ist als kritisch anzusehen.
Dieses muss lückenfrei und »knirsch«, das heißt leicht zusammengestaucht, eingesetzt werden. In der Breite ergibt sich die richtige Passung häufig von selbst, wenn Sparrenabstände und Breite der Dämmbahnen aufeinander abgestimmt sind, in der Höhe sollte man um etwa den gleichen Prozentsatz stauchen, da Dämmstoffe teilweise schrumpfen oder sich leicht setzen können.
Unter die Dachdeckung eingedrungene Feuchtigkeit läuft bei den meisten herkömmlichen Dachkonstruktionen über eine Unterspannbahn nach außen ab. Diese Bahn darf nicht durch die neu eingebrachte Dämmung hochgedrückt oder zugestopft werden, sodass die Wasserableitung behindert wird. Ebenso darf eine eventuell vorhandene Belüftung des Daches und der Dachkonstruktion grundsätzlich durch den Einbau von Wärmedämmung nicht beeinträchtigt werden.

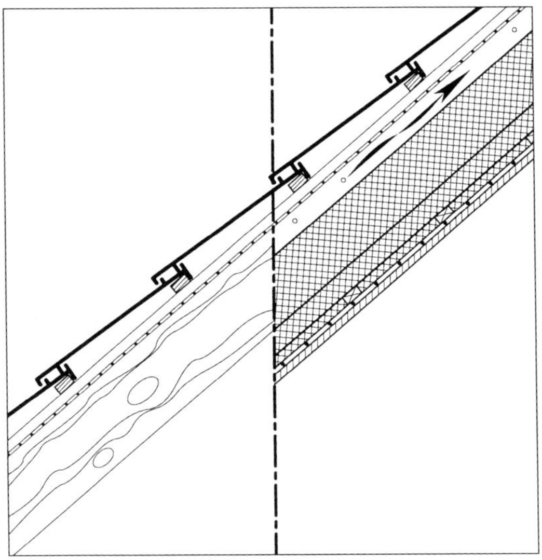

Nachträgliche Dämmung eines Steildaches

Luftdichtheitsschicht und Dampfsperre

Auf die wärmedämmende Ebene folgt meist eine Schicht des Dachaufbaus, die die Luftdichtheit der Konstruktion sicherstellt sowie Eindringen unzulässig hoher Wasserdampfmengen in den Aufbau verhindert. Diese Schicht besteht aus papier- oder folienartigen Bahnen, die durchgehend unter den Sparren und der dazwischen liegenden Dämmung befestigt werden. Hierbei ist auf lückenlose Dichtheit der Anschlüsse besonders zu achten. Dies weniger wegen der dampfsperrenden Funktion, also zur Verhinderung von Wasserdampfdiffusion, sondern insbesondere zur Vermeidung von Luftundichtheiten und hierdurch ermöglichten Lufthinterströmungen, die zu erhöhten Wärmeverlusten führen. Sie können sogar auch schwerwiegende Bauschäden zur Folge haben, wenn in der Luft enthaltener Wasserdampf, die »Luftfeuchte«, durch Wasserdampfkonvektion in den Wandaufbau transportiert wird und dort kondensieren kann.
Insbesondere ökologisch orientierte Bauherren fürchten häufig, aufgrund der Dampfsperre »wie in einer Plastiktüte« zu wohnen; das angeblich nicht mehr mögliche »Atmen« von Holzleichtbauwänden und ausgebauten Dachstühlen ist ein beliebtes Schlagwort.
Richtig ist hingegen: Bauteile atmen nicht, ganz gleich, aus welchem Material und mit welchem Aufbau sie errichtet werden! Luftaustausch erfolgt ausschließlich durch Konvektion – beabsichtigt beim Lüften, unbeabsichtigt durch luftundichte Stellen. Dabei findet durch konvektiven Wasserdampftransport auch im Wesentlichen der Austausch von Luftfeuchte statt: im Winter wird wärmere, feuchtere Luft durch kältere, trockene ersetzt, im Sommer wird meist mit der warmen Außenluft Feuchtigkeit ins Gebäude gebracht.
Im Unterschied dazu sind die durch Diffusion durch Bauteile hindurch transportierten Wasserdampfmengen vernachlässigenswert gering. Für das Innenraumklima relevant ist lediglich die Fähigkeit der Oberflächenschichten, vorübergehend Wasserdampf aufnehmen und somit regu-

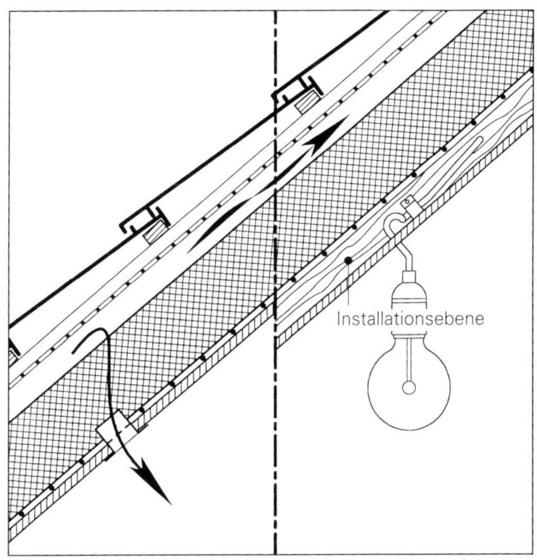

Zur Vermeidung von Luftundichtheiten durch Beschädigung der Dampfsperre sollte raumseitig eine Installationsebene angeordnet werden

lierend auf den Feuchtegehalt der Luft einwirken zu können (Sorption).
Heute gebräuchliche Dampfsperren sind ohnehin nicht mehr absolut dampfdicht. Sie müssen lediglich dafür Sorge tragen, dass nicht mehr Wasserdampf in den Bauteilaufbau hineintransportiert wird, als auch wieder austrocknen kann. Häufig findet daher auch der Begriff »Dampfbremse« Verwendung. DIN 4108, Teil 3 unterscheidet zwischen diffusionsoffenen, diffusionshemmenden und diffusionsdichten Schichten. Diffusionsoffene Schichten entsprechen mit einem s_d-Wert von maximal 0,5 Meter in ihrer Dampfdurchlässigkeit einer Luftschicht von höchstens 0,5 Meter Dicke, diffusionshemmende Schichten verfügen über einen s_d-Wert zwischen 0,5 und 1500 Meter. Bereits diffusionshemmende Schichten mit s_d-Werten von 50 Meter oder sogar darunter reichen meist vollkommen aus, um die Tauwasserfreiheit des Bauteilaufbaus sicherzustellen. Wichtig ist lediglich, dass der s_d-Wert der auf der Innenraumseite angebrachten Dampfsperre mindestens das Sechsfache des s_d-Werts der Schichten auf der Außenseite der Wärmedämmung (beim Dach beispielsweise die Unterspannbahn) beträgt.
Eine gebräuchliche Art, die Dampfsperre zu befestigen, besteht im Verkleben der Ränder auf den Sparren und Wandanschlüssen mit speziellem Klebeband. In der Praxis ergibt sich hierbei allerdings das Problem der mangelnden Haftung auf Holz und mineralischen Baustoffen. Spätestens nach einigen Jahren kommt es hier zu Ablösungen und somit zu Fehlstellen.
Besser ist es daher, das Papier oder die Folie mit Überstand zuzuschneiden und zunächst mit dem Tacker zu befestigen. Die beiden jeweils aneinander grenzenden Überstände werden miteinander verklebt, der entstandene Falz zweimal eingefaltet und am Rahmen befestigt. Ähnliches gilt, wenn die Dampfsperre auf eine zuvor aufgebrachte Beplankung aufgebracht wird.
Dient allerdings die Beplankung selbst als Luftdichtheitsschicht, müssen die Plattenstöße sorgfältig verklebt und eine zweite Plattenlage (in der Regel Gipskarton) mit versetzten Stößen aufgebracht werden. Diese Lösung ist nur möglich, sofern der Dachaufbau aus bauphysikalischer Sicht keine Dampfsperre benötigt und erfordert besondere Lösungen an Ecken und Anschlüssen.
Um die sorgfältig abgedichtete Dampfsperre nicht zu beschädigen, darf sie nicht nachträglich durch Installationen, Schrauben oder andere Durchdringungen durchstoßen werden. Aus diesem Grunde bietet es sich an, raumseitig eine Installationsebene vorzusehen. Das heißt, die Dampfsperre wird auf der tragenden Holzkonstruktion befestigt. Anschließend wird eine Unterkonstruktion montiert, auf dieser folgt die raumseitige Bekleidung. Der so entstandene Spalt zwischen Dampfsperre und Beplankung kann nun zur Leitungsführung genutzt werden. Durchdringungen der Beplankung durch Schrauben oder Installationen beschädigen nicht mehr die Dampfsperre.

Statik

Die leichte Bearbeitbarkeit einer Holzkonstruktion verleitet dazu, spontane Ideen während des Ausbaus oder nach dem Einzug zu verwirklichen. Oft ist es in der Tat problemlos möglich, beispielsweise Innentüren in leichte Ständerwände einzufügen, diese Wände zu versetzen, oder nachträglich Dachflächenfenster einzubauen. Doch sollten derartige Eingriffe in jedem Fall mit dem Architekten, dem Bauträger oder einem anderen Fachmann abgesprochen werden. Zum einen, um unzulässige Eingriffe in die Statik zu vermeiden, aber auch aus Gründen der Gewährleistung.

Außenanlagen

Ein immer wieder anzutreffender Mangel entsteht durch den Wunsch der Bewohner, die Oberfläche der Außenlagen nach eigenen Vorstellungen zu modellieren. Wird nun Erdreich über die Höhe der Abdichtung hinaus angeschüttet, kommt es zu Feuchtigkeitsschädcn im Inneren des Gebäudes. Um dies zu vermeiden, sollte die an das Haus angrenzende Geländeoberfläche mindestens 15 cm unterhalb der Oberkante der Abdichtung liegen.
Ähnliches gilt bei zweischaligem Mauerwerk: dieses verfügt in der Regel am Fußpunkt der Verblendmauerschale über Wasseraustrittsöffnungen, die oberhalb der Geländeoberfläche liegen sollten. Erfolgt die Entwässerung unterhalb der Geländeoberfläche, ist gemäß DIN 18195, Teil 4, in eine Sickerschicht oder Dränung zu entwässern.
Im Bereich von bodentiefen Fenstern und Außentüren sollte zwischen der Schwelle und der Außenoberfläche, beispielsweise des Terrassenbelages, ein Abstand von 15 cm liegen. Dieser kann situationsabhängig verringert werden, wenn etwa vor der Türe oder dem Fenster eine Wasser ableitende Rinne mit Gitterrost angeordnet wird oder große Dachüberstände unmittelbaren Wasserzutritt verhindern und somit die Beanspruchung des entsprechenden Bereichs verringern.

Haftungsabgrenzung

Immer wieder kommt es zu der Streitfrage, ob ein Mangel in einem Bereich des Hauses, der teilweise in Eigenleistung entstand, vom Architekten, vom Unternehmer oder vom mitbauenden Bauherrn zu verantworten ist.
Deshalb sollte im Vorfeld genau abgegrenzt werden, wo die Leistung des Bauunternehmers aufhört und wo die Eigenleistung anfängt. Zudem sollte der Bauherr erst mit seiner Arbeit beginnen, nachdem die Handwerker ihre Leistungen abgeschlossen haben. Dies auch, um Streit über eventuelle Verzögerungen durch Behinderung durch den Bauherrn zu vermeiden.

Nachträgliche Eigenleistungen

Die aufgeführten Punkte gelten selbstverständlich auch für Eigenleistungen, die erst im Laufe der Zeit ausgeführt werden, beispielsweise die Erneuerung von Fußbodenbelägen oder die nachträgliche Montage von Antennenanlagen, deren Halterungen den Dachaufbau durchstoßen würden.
Beliebt ist auch, Terrassen durch Überbauen mit einem neuen Aufbau zu modernisieren. Auch in diesem Fall müssen die dargestellten Aufkantungshöhen vor bodentiefen Wandöffnungen beachtet, andernfalls entsprechende besondere Maßnahmen ergriffen werden.

BAUTEILBEZOGENE MÖGLICHKEITEN DER KOSTENSENKUNG UND IHRE POTENZIELLEN SCHWACHSTELLEN

Keller und Abdichtung

Fehlende Abdichtung der Bodenplatte/Keller als Weiße Wanne

Bodenplatten unterkellerter Gebäude und Kellerwände werden seit jeher mit Abdichtungsbahnen oder kunststoffmodifizierten Bitumendickbeschichtungen – beide markant durch ihre schwarze Farbgebung – abgedichtet. Die genaue Art der Ausführung hängt dabei von der auf das Gebäude einwirkenden Beanspruchung ab. Die Abdichtungsnorm DIN 18195 unterscheidet zwischen Beanspruchung durch Bodenfeuchte und nicht stauendes Sickerwasser einerseits, sowie Druckwasser, meist durch aufstauendes Sickerwasser oder Grundwasser andererseits.
Kostengünstiger als eine »schwarze« Abdichtung ist es in der Regel, Bodenplatte und Kellerwände aus Beton mit hohem Wassereindringwiderstand (WU-Beton, früher »Wasserundurchlässiger Beton«) herzustellen, diffusionshemmend abzudecken oder zu beschichten und auf eine zusätzliche Abdichtung zu verzichten – diese Konstruktion bezeichnet man als »Weiße Wanne«. Häufig wird auch die Kombination einer Bodenplatte aus WU-Beton, die oberseitig nur lose mit einer Polyethylenfolie abgedeckt ist, mit herkömmlich abgedichteten Wänden gewählt.
Schon der Begriff »Beton mit hohem Wassereindringwiderstand« weist darauf hin, dass derart ausgeführte Bauteile nicht absolut wasserdicht sind. Sie lassen Wasser bis in eine gewisse Tiefe des Bauteils eindringen, es tritt jedoch nicht in flüssiger Form auf der Innenseite der jeweiligen Wand oder Bodenplatte aus.
Obwohl sich Weiße Wannen und Bodenplatten aus WU-Beton seit Jahrzehnten bewährt haben, ist ihre Ausführung ohne zusätzliche Abdichtungsmaßnahmen insbesondere bei Beanspruchungen durch aufstauendes Sickerwasser oder anstehendes Grundwasser häufig umstritten bei hochwertiger Nutzung des Kellerraumes.

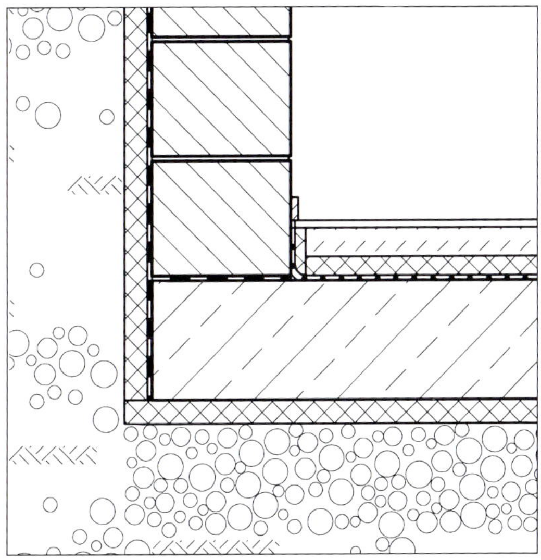

Bodenplatte aus WU-Beton, die oberseitig nur lose mit einer Polyethylenfolie abgedeckt ist

Gerne wird darauf verwiesen, dass diese Konstruktion nicht genormt sei. In der Richtlinie des Deutschen Ausschusses für Stahlbeton über »Wasserundurchlässige Bauteile aus Beton« (»WU-Richtlinie«), Ausgabe November 2003, ist sie allerdings geregelt.
Die vom AIBau – Aachener Institut für Bauschadensforschung und angewandte Bauphysik im Rahmen der diesem Buch zu Grunde liegenden Untersuchung besichtigten ausgeführten Häuser konnten derartige Bedenken nicht bestätigen. Trotz Verzichts auf eine zusätzliche Abdichtung wurden keine Schäden festgestellt, die auf diese Ausführungsart zurückzuführen gewesen wären. Darüber hinaus hat das AIBau in den Jahren 2003 und 2004 eine weitere Forschungsarbeit durchgeführt, die sich ausschließlich der beschriebenen Problematik widmete. Thema dieser Arbeit war die Praxisbewährung nicht zusätzlich abgedichteter und sogar ständig im Grundwasser stehender Weißer Wannen, die bis zu 40 Jahre alt waren. Sämtliche untersuchte Räume werden hochwertig, beispielsweise als Wohnraum oder Büro genutzt und sind entsprechend ausgestattet. Das heißt, die Wände sind verputzt, der Bodenaufbau mit schwimmendem Estrich ausgeführt. Unter diesem wird lediglich eine Polyethylenfolie als Dampfsperre angeordnet.
Die Besichtigung der Gebäude sowie die Ergebnisse durch Probenentnahme festgestellter Feuchtigkeitsgehalte der Betonoberflächen zeigen eindeutig, dass derart ausgeführte Weiße Wannen und Bodenplatten bei fachgerechter Ausführung keinerlei Mängel und Schäden erwarten lassen.
In anderen europäischen Ländern werden Bodenplatten kostengünstig errichteter Gebäude, auch wenn sie nicht aus WU-Beton bestehen, bei der Beanspruchung durch Bodenfeuchte oder nicht stauendes Sickerwasser üblicherweise nur in einfacher Form abgedichtet und sind dennoch funktionstüchtig.

Bodenplatten nicht unterkellerter Gebäude ohne zusätzliche Abdichtung

Ähnliches wie zuvor über die Ausführung von Bodenplatten unterkellerter Gebäude dargelegt, gilt für nicht unterkellerte Bodenplatten auf Niveau der Geländeoberfläche. Werden diese nicht durch Druckwasser beansprucht, können sie sogar aus Beton ohne die ausgewiesenen Eigenschaften eines WU-Betons hergestellt werden. Die Wärmedämmung sollte in diesen Fällen aus diffusionstechnischen Gründen allerdings oberhalb der Bodenplatte angeordnet werden.

Kriechkeller ohne Abdichtung der Fundamentaufmauerungen

Aus dem niederländischen Einfamilienhausbau (s. S. 16) stammen die so genannten Kriechkeller. Bei dieser Bauweise werden in frostfreier Tiefe Streifenfundamente gegossen, auf diese wird dann unmittelbar das aufgehende Mauerwerk aufgesetzt. Hierbei handelt es sich in der Regel um zweischaliges Mauerwerk mit Dämmschicht. Etwa 60 bis 100 cm oberhalb der Fundamente wird die Kellerdecke, meist aus unterseitig wärmegedämmten Betonfertigteilen, angeordnet. Zuvor bereits werden in dem Raum unterhalb der Decke auf einfache Weise Installationen verlegt. Über eine Bodenluke in der Kellerdecke bleiben diese zugänglich, zudem kann der niedrige Raum als Lagerraum für feuchteunempfindliche Gegenstände genutzt werden – für die Lagerung von Wein ist er ideal geeignet.
Auf eine in Deutschland nach DIN 1053 vorgeschrieben Fußpunktabdichtung der Vormauerschale im erdberührten Bereich wird bei dieser Bauweise zumeist verzichtet, die flache Baugrube wird unmittelbar gegen die Vormauerziegel verfüllt. Obwohl bei den vom AIBAU untersuchten Häusern mit Kriechkeller meist auch keine Horizontalabdichtung zwischen der Fundamentaufmauerung und der Kellerdecke ausgeführt wurde, konnten Feuchtigkeitserscheinungen im Hausinneren nicht festgestellt werden.
In allen Fällen waren allerdings außen deutlich sichtbare Durchfeuchtungen im Sockelbereich der Ziegel-Vormauerschale vorhanden, doch betrifft diese Schwachstelle zunächst lediglich die optische Erscheinung des äußeren Sockelbereichs. Sie hat keine Auswirkungen auf die Funktion, längerfristig können allerdings Fugenausbrüche nicht ausgeschlossen werden.

Die Decke über dem Kriechkeller wird aus vorgefertigten Elementen zusammengesetzt

Blick in einen Kriechkeller

Die Bauweise setzt für die Verblendschale Mauerwerksmaterialien voraus, die unter Spritzwasserbelastung auch bei Frost keinen Schaden nehmen. In den Niederlanden haben sich nicht abgedichtete Kriechkeller mit durchgehender Zweischaligkeit der Außenwände seit Jahrzehnten bewährt.
Um spätere Streitigkeiten wegen der nicht vermeidbaren außenseitigen Sockelfeuchte bei der dargestellten Konstruktion auszuschließen, sollte der Hauskäufer/Bauherr explizit auf die Besonderheiten der Bauart hingewiesen werden. Unter Umständen bietet es sich an, im Sockelbereich dichtere und somit frostbeständigere Vormauerziegel zu verwenden, die sich eventuell farblich deutlich absetzen. Durchfeuchtungen des Sockels fallen somit auch optisch nicht mehr ins Gewicht.
Die Standsicherheit der Verblendschale hinsichtlich des seitlich einwirkenden Erddrucks sollte mit einem rechnerischen Einzelnachweis durch den Statiker überprüft werden.

Unten rechts: Sockelfeuchtigkeit durch fehlende Abdichtung bei einem Haus in niederländischer Bauweise

Unten: Verwendung frostbeständiger Klinker im Sockelbereich

An Gebäudetrennfugen durchlaufende »Weiße Wannen« und Bodenplatten

Um die Ausbildungen von Fugen in Weißen Wannen und Bodenplatten (s. S. 41) im Bereich der Haustrennwände von Reihenhäuser zu sparen, werden Bodenplatte und Kelleraußenwände gerne unter jeder Zeile in einem Stück durchbotoniert. Das bedeutet, dass die gesamte Hauszeile sich eine gemeinsame »Wanne« beziehungsweise Bodenplatte teilt. Somit sind die einzelnen Häuser miteinander verbunden, auch wenn sie oberhalb durch zweischalige Haustrennwände konstruktiv getrennt sind.

Die Ausbildung von Fugen würde bedeuten, dass die Weiße Wanne hier undicht wäre und daher mit Abdichtungsbahnen über den Fugen beziehungsweise einbetonierten Fugenbändern abgedichtet werden müsste.
Bei getrennten Bodenplatten nichtunterkellerter Gebäude sind in der Regel keine zusätzlichen Maßnahmen notwendig. Hier sollte in jedem Fall eine Trennung vorgenommen werden.
Durchbetonierte Kellerwände und Bodenplatten stellen allerdings Schallbrücken dar. Sie ermöglichen insbesondere die Übertragung von Körperschall wie Kinderspiel oder Hämmern, auch zwischen den oberen Geschossen. Zudem verschlechtert sich das Gesamtschalldämmmaß der Haustrennwände um ca. 3 dB, was bedeutet, dass auch Luftschall, etwa Sprache oder Musik, in wahrnehmbarem, jedoch nicht gravierendem Maße von Haus zu Haus übertragen wird.
Zwar treten die als störend empfundenen Kontaktgeräusche nur gelegentlich und kurzzeitig auf, doch die Mehrkosten für die Ausbildung

Zugang zum Kriechkeller über eine Bodenluke

von Trennfugen erhöhen die Baukosten nur unwesentlich – bei gleichzeitig merklicher Verbesserung des Schallschutzniveaus. Insofern ist die Lösung ohne Fuge nicht lohnenswert, insbesondere bei nicht unterkellerten Gebäuden mit der Bodenplatte als Erdgeschossboden.

Wurde sie bei einem zum Kauf angebotenen Haus dennoch ausgeführt, ist entscheidend, dass die Verminderung des Schallschutzes bei dem in der Baubeschreibung angegebenen Schalldämmmaß berücksichtig wurde. Insbesondere darf die Mindestanforderung nach DIN 4109 – ein Schalldämmmaß der Haustrennwände von R'_w= 57 dB – keinesfalls unterschritten werden. Zum Vergleich: die erhöhten Anforderungen der DIN 4109 sehen hier ein Schalldämmmaß von R'_w= 67 dB vor, der üblichen Beschaffenheit entspricht ein Wert zwischen 62 und 67 dB, bei kostengünstigen Häusern können auch 59 dB durchaus noch als akzeptabel angesehen werden.

In diesem Zusammenhang wichtig ist eine baurechtliche Besonderheit: gelegentlich werden Häuser als Reihenhäuser angeboten, bei denen es sich baurechtlich um Eigentumswohnungen handelt. Das bei Wohnungen geforderte beziehungsweise übliche Schallschutzniveau ist jedoch deutlich geringer als bei Häusern. Dennoch kann der Immobilienkäufer das bei Reihenhäusern übliche Niveau erwarten, sofern er nicht während des Verkaufsgesprächs, am besten in schriftlicher Form, ausdrücklich darauf hingewiesen wurde, dass es sich bei seinem »Reihenhaus« eigentlich um eine Eigentumswohnung handelt. Hierzu gibt es beispielsweise ein Urteil des Oberlandesgerichts München[2].

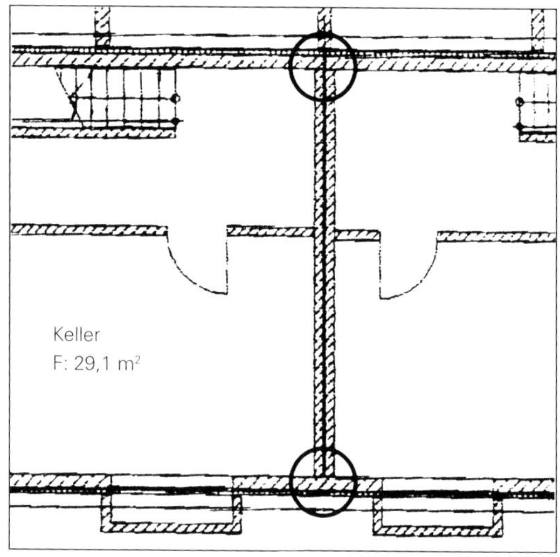

Die Kelleraußenwand wurde als Bestandteil der Weißen Wanne durchbetoniert, die Haustrennwände zweischalig ausgeführt

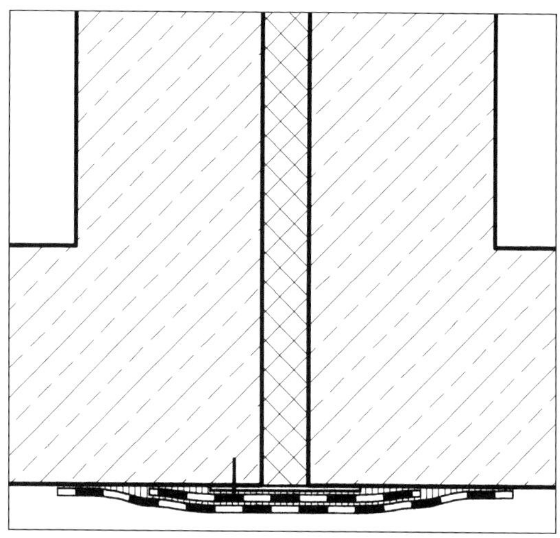

Hier wurde die Weiße Wanne im Bereich der Haustrennwände unterbrochen. Die Gebäudetrennfuge wurde daher zusätzlich mit einer bahnenförmigen Abdichtung über einem Schleppblech abgedichtet

[2] OLG München, AZ 9 U 39 22/97

Außenwandaufbau

Minimierte Dicke der tragenden Wandschale

Nach niederländischem Vorbild errichtete Häuser verfügen in der Regel über einen zweischaligen, aber minimierten Außenwandaufbau, dessen tragende Schale aus lediglich 10 oder 12 cm dicken, großformatigen Kalksandsteinplanelementen beziehungsweise 15 cm dicken, geschosshohen Stahlbetonfertigteilen besteht. Sie werden mit einer Ziegelvormauerschale versehen, der Schalenzwischenraum wärmegedämmt.
Aus statischer Sicht sind die beschriebenen Außenwände für die ausgeführten Bauhöhen und die geringen anzunehmenden Lasten ausreichend dimensioniert. Nach DIN 1053 können tragende Schalen bei zweischaligem Mauerwerk in Dicken ab 11,5 cm nach vereinfachtem Berechnungsverfahren realisiert werden, bei darunter liegenden Maßen ist ein statischer Nachweis im Einzelfall erforderlich.
Die Erbringung des notwendigen Nachweises der in den Niederlanden seit langer Zeit bewährten 10 cm dicken tragenden Schale stellt allerdings bei üblichen Einfamilienhäusern in der Regel kein Problem dar. Die Angabe der Mindestdicke von 11,5 cm ergibt sich aus der (deutschen) oktametrischen Maßordnung nach DIN 4172, wohingegen sich die niederländischen Mauerwerksmaße am Dezimalsystem orientieren.
Einziger Nachteil eines derart minimierten Außenwandaufbaus kann der schlechtere Schallschutz gegen Geräusche aus der Umgebung sein. Dies ist jedoch nur relevant, sofern das Haus in unmittelbarer Nähe einer außergewöhnlichen Lärmquelle, etwa einer Autobahn oder Eisenbahnstrecke steht.

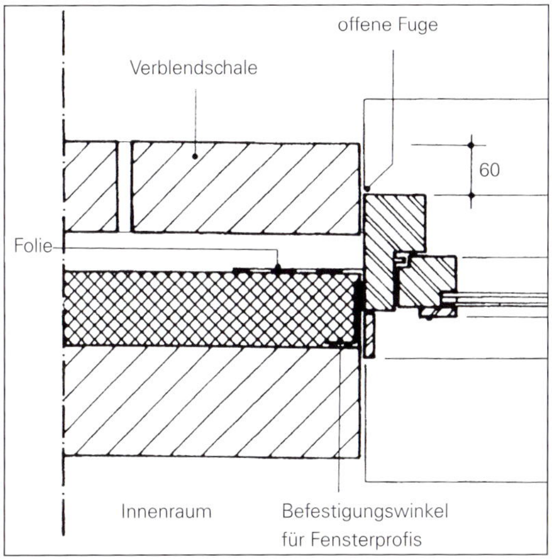

Außenwandaufbau eines in niederländischer Bauweise errichteten Hauses, hier im Bereich des Fensteranschlusses

Ähnliches wie für den dargestellten zweischaligen Wandaufbau gilt für einschalige Wandaufbauten mit Wärmedämmverbundsystem oder mit Wärmedämmung hinter einer vorgehängten Fassadenbekleidung: hier darf die Wanddicke bis auf 17,5 cm reduziert werden.
Aus planerischer Sicht bringen minimierte Wandaufbauten zudem den Vorteil geringeren Flächenbedarfs mit sich – eine dünne Wand benötigt weniger Aufstandsfläche als eine dicke. Bei einem Einfamilienhaus üblicher Größe kann dieser Unterschied bis zu 3 m^2 betragen.

Monolithische Wände ohne Zusatzdämmung

Aufgrund des in den letzten Jahren gestiegenen Bewusstseins für energiesparendes Bauen, das sich in der Gesetzgebung in einem kontinuierlich gestiegenen Wärmeschutzstandard und seit Februar 2002 in Form der Energieeinsparverordnung widerspiegelt, verfügt heute ein Großteil der Neubauten über eine zusätzliche Wärmedämmung der Außenwände – beispielsweise durch ein Wärmedämmverbundsystem. Gerne werden möglichst dünne tragende Wände mit einer dicken Wärmedämmschicht ausgeführt.
Doch es kann sich durchaus lohnen, statt dessen auf dickeres, hoch dämmendes Mauerwerksmaterial zurückzugreifen und auf eine zusätzliche Dämmung zu verzichten. Aufgrund der gestiegenen Anforderungen an den Wärmeschutz sind inzwischen viele gängigen Mauerwerksmaterialien mit geringer Wärmeleitzahl lieferbar, beispielsweise Porenbeton, Bimsbeton oder Ziegel.
Der Wärmedurchgangskoeffizient (U-Wert, früher k-Wert) einer beidseitig verputzten, 30 cm dicken Wand beträgt beispielsweise 0,53 W/m^2K

Innenseitig verspachteltes Außenmauerwerk aus großformatigen Planelementen

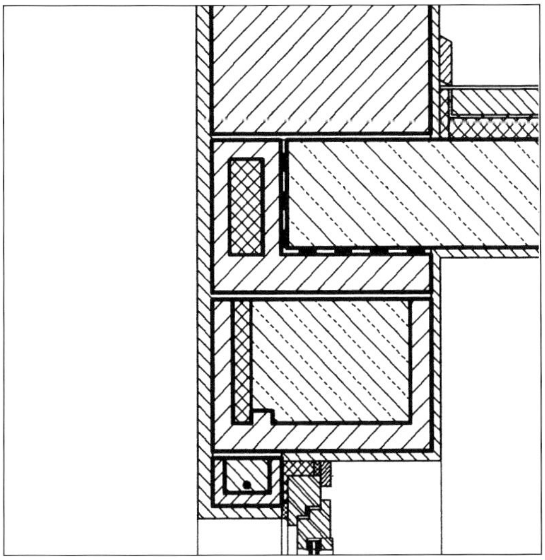

Verwendung gedämmter Ziegelfertigteile im Sturz- und Deckenanschlussbereich zur Vermeidung von Wärmebrücken bei monolithischen Ziegelaußenwänden

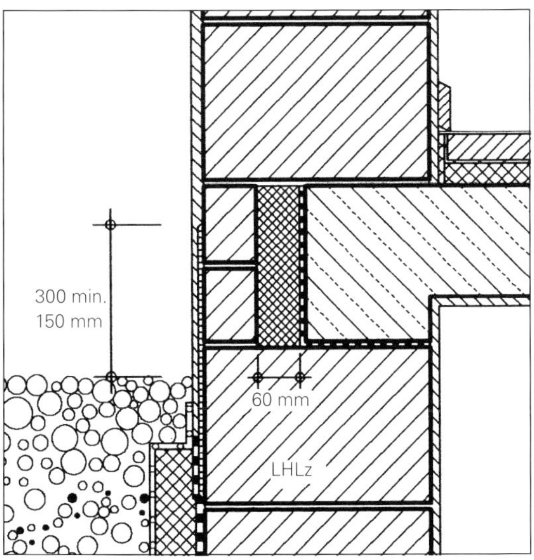

Dämmung der Stirnseite einer Stahlbetondecke

bei einer Wärmeleitzahl λ von 0,18 W/(mK), bei λ = 0,14 beträgt U sogar nur 0,43 W/(m²K). Somit kann auch ein Gebäude, das den aktuellen Anforderungen der Energieeinsparverordnung entsprechen muss, mit dieser preisgünstigen Konstruktion problemlos ausgeführt werden. Zum Vergleich: Der U-Wert einer 17,5 cm dicken Außenwand aus Kalkssandstein mit einem 12 cm dicken Wärmedämmverbundsystem beträgt 0,28 W/m²K. Heute üblich sind aber auch noch wesentlich dickere Wärmedämmschichten von 16 oder gar 20 cm.
Insbesondere bieten sich monolithische Außenwände ohne Zusatzdämmung auch an, wenn bereits der Rohbau eines Hauses in Eigenleistung oder Gruppenselbsthilfe erstellt wird. Porenbeton eignet sich aufgrund seiner leichten Verarbeitbarkeit ohnehin gut zum Selbstbau, eine zusätzliche Dämmung nicht hochdämmenden Mauerwerks würden bautechnische Laien jedoch besser von Fachbetrieben ausführen lassen.
Ein Problem monolithischer Bauweisen bilden einbindende Bauteile mit höherer Wärmeleitfähigkeit (z.B. Stahlbetondecken). Sie stellen grundsätzlich Wärmebrücken dar. Auf die sorgfältige Dämmung des Stirnseitenanschlusses muss daher auch beim kostengünstigen Bauen sehr geachtet werden. Hierfür bieten sich gedämmte Sondersteine an, alternativ wird vor dem einbindenden Bauteil Wärmedämmung angeordnet. Hierbei ist es günstiger, diese unmittelbar vor dem Bauteil innerhalb des Wandquerschnitts anzuordnen, als sie im Randbereich der Wand einzusetzen.

Aufbau der Haustrennwand

Minimierte zweischalige Konstruktionen

Üblicherweise werden die Trennwände zwischen Reihen- und Doppelhäusern zweischalig ausgeführt. Das heißt, jedes Haus verfügt über eine eigene Abschlusswand zum Nachbarn, zwischen beiden Häusern gibt es eine Fuge von wenigen Zentimetern. Diese Fuge wird mit Schall dämpfendem Dämmstoff verfüllt.
Entsprechend den Außenwänden werden auch die Haustrennwandquerschnitte in niederländischer Bauart ausgeführter Reihenhäuser und anderer kostengünstiger Reihen- und Doppelhäuser minimiert. Die Wanddicke beträgt beim niederländischen Trennwandaufbau lediglich zweimal 12 oder 11,5 cm, alternativ finden zwei 14 cm dicke Schalen aus Stahlbeton-Fertigelementen Verwendung. Die Fuge zwischen den beiden Häusern von 4 bis 6 cm wird in der Regel nicht beziehungsweise nur im Bereich der angrenzenden Außenwände mit Dämmung ausgestopft.

Minimierte Dicke der Haustrennwände, hier im Bereich der Fundamentaufmauerung

Der beschriebene »niederländische« Trennwandaufbau erfüllt mit einem Schalldämmmaß von knapp 60 dB die Mindestanforderungen an den Schallschutz nach DIN 4109 (R'_w= 57 dB), die bauaufsichtlich gefordert sind. Dies entspricht aber nicht dem in Deutschland üblichen Schallschutzniveau zwischen Reihen- und Doppelhäusern, das zwischen 62 und 67 dB liegt. Bei dem hier vorliegenden Schalldämmmaß zwischen 57 und 59 dB ist lautere Sprache aus dem Nachbarhaus unter Umständen zwar noch zu hören, jedoch nicht zu verstehen. Die Ausführungsvariante mit zwei 14 cm dicken Betonwänden erreicht mit einem Schalldämmmaß von 62 dB knapp den Bereich der üblichen Beschaffenheit.
Die Bewohner der vom AIBAU untersuchten Häuser in niederländischer Bauweise empfanden den Schallschutz zwischen den Häusern durchweg als ausreichend. Lediglich in einem Fall beklagten sich die Bewohner über deutlich hörbare Geräusche aus dem Nachbarhaus.
Ob die Ursache hierfür im Verhalten der Nachbarn, im Empfinden der Befragten oder in einem Ausführungsfehler zu finden ist, konnte im Rahmen der Untersuchung nicht ermittelt werden. Letzteres kann nicht ausgeschlossen werden, insbesondere da in dem betreffenden Fall die Trennwandfuge nicht mit Dämmstoff ausgefüllt wurde. Bereits vereinzelte Mörtelbatzen, die aufgrund mangelnder Sorgfalt beim Mauern in die Fuge fallen und sich dort zwischen den Mauerschalen festsetzen, reichen aus, um das Schalldämmmaß der Trennwand merklich – um bis zu 10 dB – herabzusetzen. Somit erreicht die Haustrennwand zwar rechnerisch ein bestimmtes gefordertes Schalldämmmaß, in der Praxis wird dieses jedoch nicht erzielt.

Einschalige Trennwände

Um die Baukosten ohnehin preisgünstiger Reihenhäuser nochmals zu senken, werden die Haustrennwände gelegentlich einschalig ausgeführt. Aneinander grenzende Häuser teilen sich somit eine gemeinsame Wand.

Dies hat gravierende Auswirkungen auf den Schallschutz zwischen den Häusern. In der Regel wird nun nicht mehr das zwischen Reihenhäusern übliche Schallschutzniveau erreicht, oft sogar nicht einmal der vorgeschriebene Mindestschallschutz von 57 dB. Bei einschaligen, 24 cm dicken Wänden aus Kalksandstein entspricht mit R'_w = 55 dB der erzielte Schallschutz exakt den Anforderungen an erhöhten Schallschutz zwischen Wohnungen gemäß DIN 4109, nicht aber den Mindestanforderungen bei Reihenhäusern. Lautere Geräusche aus dem Nachbarhaus sind gut hörbar. Insbesondere Schall, dessen Quelle mit dem Boden oder den Wänden in Kontakt steht, überträgt sich.

Mit 23 cm dicken Betonwänden wird der Wert von R'_w = 57 dB gerade eben erreicht. Doch abgesehen davon, dass dieser Mindestwert lediglich bei auf die Spitze getriebenen Kostensenkungsbemühungen akzeptabel ist, bleibt das Problem des sich übertragenden Körperschalls, beispielsweise durch Trittgeräusche. Noch verstärkt wird dieses Problem, wenn aufgrund der intensiven Bemühungen um niedrige Baukosten auf schwimmende Estriche verzichtet wird. Dann sind zwar Sprache und Musik aus dem Nachbarhaus nur in Maßen vernehmbar, doch jeder Schritt ist gut zu hören.

Von entscheidender Bedeutung bei der Ausführung einschaliger Trennwände ist wiederum die Frage, ob es sich bei den betroffenen Häusern baurechtlich tatsächlich um Reihenhäuser oder aber um Eigentumswohnungen handelt, bei denen ein geringerer Schallschutz geschuldet ist – worauf die Käufer explizit hinzuweisen sind (s. S. 21).

Bei dieser Reihenhauszeile wurde nur jede dritte Trennwand zweischalig ausgeführt

Nichtgetrennte Verblendschale

Bei Häusern nach niederländischem Vorbild wird häufig die Verblendschale im Bereich der Gebäudetrennfuge ohne Übernahme der Fuge durchgehend gemauert.
Aufgrund der fehlenden Verblendschalenfuge im Verlauf der Haustrennwandfuge überträgt sich unmittelbar an der Verblendschale verursachter Körperschall sehr gut hörbar auf das Nachbarhaus, beispielsweise das Bediengeräusch nachträglich montierter Rollläden.
Die möglichen Einspareffekte durch den Verzicht auf eine Trennfuge sind gering. Die Gebäudefuge sollte daher in der Verblendschale fortgesetzt werden.

Die Verblendschale wurde ungetrennt über die Fuge hinweggeführt

Kellerdecke/Geschossdecken

Kellerdecke aus Hohlkörperelementen

Ebenfalls aus dem niederländischen Hausbau stammen Kellerdecken aus so genannten Hohlkörperelementen. Diese werden aus Spannbeton vorgefertigt, unterseitig wird eine etwa 10 cm dicke Wärmedämmschicht aus Polystyrolhartschaum anbetoniert. Bei üblichen Reihenhäusern beträgt die Höhe des Betonanteils etwa 15 cm. Der Beton wird von röhrenartigen Hohlräumen durchzogen, sodass in der statisch weniger beanspruchten Mitte des Querschnitts Material und Masse gespart werden – die Elemente werden hierdurch leichter, zudem ergeben sich Vorteile hinsichtlich des Wärmedämmverhaltens.
Decken aus Hohlkörperelementen können meist über die gesamte Hausbreite ohne zusätzliche Unterstützung spannen, vorausgesetzt der weitere Ausbau erfolgt mit leichten Innenwänden. Sie stellen somit nicht nur als solche eine kostengünstige Konstruktion dar, sondern ermöglichen auch Einsparungen im Bereich der Fundamtente. Die ökonomische Konstruktion lässt keinerlei Nachteile erwarten.

Rechts oben: Untersicht einer Kellerdecke aus Hohlkörperelementen

Rechts: Die Hohlkörperelemente sind unterseitig gedämmt

Zwischendecke aus teilvorgefertigten Elementen (Filigrandecke) vor Einbringen des Aufbetons

Teilvorgefertigte oder vorgefertigte Stahlbetondecken

Wie eine Reihe weiterer hier vorgestellter konstruktiver Maßnahmen zur Baukostenreduzierung werden auch teilvorgefertigte und vorgefertigte Stahlbetondecken mittlerweile in großem Umfang zur Kostensenkung sowie zur Beschleunigung des Bauablaufs nicht nur bei sonderlich kostengünstigen Gebäuden verbaut. Die Bauweise zieht keine negativen Auswirkungen auf die Qualität eines Gebäudes nach sich – sie vermeidet zudem die bei vor Ort aus Beton gegossenen Decken möglichen Schwachstellen wie unzureichende Betonüberdeckung des Bewehrungsstahls oder Maßungenauigkeiten. Teilvorgefertigte Deckenelemente – besser bekannt unter dem Markennamen »Filigran-Decken« – bestehen aus dünnen, bewehrten Betonplatten mit oberseitig freier Stahlbewehrung. Die bis zu 8 m langen Elemente werden wie Fertigteile verlegt. Anschließend werden sie mit Ortbeton bis zur endgültigen Höhe aufbetoniert. Vorgefertigte Betonfertigteile werden aus Stahlbeton oder Spannbeton hergestellt, ähnlich den zuvor dargestellten Hohlkörperelementen für Kellerdecken, unter Umständen sogar mit diesen identisch, jedoch ohne unterseitige Dämmung. Wie diese werden sie einfach mit dem Kran verlegt, darauf erfolgt unmittelbar der Bodenaufbau. Wie erläutert, bietet die Konstruktion prinzipiell weniger potenzielle Schwachstellen als eine vor Ort gegossene Stahlbetondecke. Aus Gründen des Schallschutzes sollte hier allerdings besonders auf lückenlose Fugenstöße geachtet werden.

Unterseitig sichtbare Elementstöße

Werden Zwischendecken aus Fertigteilen oder teilvorgefertigten Deckenelementen hergestellt, ergeben sich unterseitig Fugen der Elementstöße. Diese sind deutlich sichtbar durch die abgefasten Kanten der einzelnen Platten. Üblicherweise werden diese Stöße verspachtelt beziehungsweise die Deckenunterseite verputzt. Bei kostengünstiger Bauweise werden die Stöße gegebenenfalls nicht verspachtelt, die Deckenuntersichten werden lediglich mit feinkörnigem Spritzputz oder einem Anstrich mit Raufaserfarbe versehen. Somit bleiben die wenige Zentimeter breiten Dreiecksfugen sichtbar.
Bei den in größerem Abstand von beispielsweise 1,20 m durch die Deckenuntersicht verlaufenden Fugen handelt es sich allerdings lediglich um eine optische Besonderheit, deren Beurteilung nur subjektiv sein kann: von vielen Bewohnern der vom AIBAU besichtigten Häuser wurden sie nicht als störend empfunden, andere meinten, sich daran gewöhnt zu haben und wieder andere hatten die Fugen in Eigenleistung verspachtelt oder die Deckenunterseite tapeziert. Da diese Arbeiten mit relativ geringem Aufwand möglich sind, können bauseits unverspachtelte Elementfugen bei kostengünstigen Häusern als akzeptabel angesehen werden.
Allerdings sollten Käufer über die Fugen in der Deckenuntersicht informiert werden, beispielsweise durch gleichartige Ausführung eines Musterhauses oder durch die Baubeschreibung.

Verbundestrich

In Deutschland ist es üblich, auch einfach ausgestattete Wohnhäuser mit einem schwimmenden Estrich zu versehen. Das bedeutet, dass der Estrich nicht unmittelbar auf die Rohdecke aufgebracht wird, sondern zwischen Estrich und Decke eine dämpfende Schicht, meist aus Mineralwolle, als Trittschalldämmung eingebracht wird. Diese Zwischenschicht sorgt für deutlich erhöhte Schalldämmung zwischen den Geschossen.
Sollen allerdings die Baukosten auf ein Minimum (ca. 600,– €/m²) gesenkt werden und wird daher die Ausstattung ohnehin erheblich reduziert, ist der Verzicht auf eine Trittschalldämmung unter Umständen vertretbar, aber kaum sinnvoll. Die Einsparung beträgt nämlich lediglich 10 bis 20 €/m² – bei einem Haus mit 120 m² Wohnfläche insgesamt also gerade mal 1200 bis 2400 €.
Dem Käufer eines Hauses mit Verbundestrich muss ausdrücklich verdeutlicht werden, dass er in diesem Bereich nicht den bei konventionellen Neubauten üblichen Komfort zu erwarten hat. Die hausinterne Geräuschübertragung ist deutlich höher. Zudem ist zu bedenken, dass das Nachrüsten eines schwimmenden Estrichs praktisch nicht möglich beziehungsweise absolut unwirtschaftlich ist. Nicht nur, dass hierzu der eingebrachte Verbundestrich herausgebrochen werden müsste: aufgrund der zusätzlichen Aufbauhöhe durch die Trittschalldämmung würde die Raumhöhe niedriger werden und es müsste eine Reihe von Anschlussproblemen – beispielsweise im Bereich der Türen – gelöst werden.
Nicht unerheblich ist die Wahl des Bodenbelags auf Verbundestrichen: weich federnde Beläge, wie Teppichboden mit hohem, dichtem Flor, dämpfen den Trittschall zumindest auf ein erträgliches Maß, während bei harten Belägen, etwa bei keramischen Fliesen, mit erheblicher Schallbelästigung zu rechnen ist. Dementsprechend können insbesondere geflieste Bäder neben Schlafräumen oder ein Gäste-WC neben dem Essplatz zu unangenehmen Geräuschübertragungen führen.

Bei einigen der vom AIBAU untersuchten Gebäude wurde ein Verbundestrich ausgeführt. Von den Bewohnern wurde teilweise über deutliche Geräuschübertragungen zwischen den Geschossen berichtet. Dies wurde in den betreffenden Fällen zwar nicht als gravierender Mangel empfunden, den Käufern war allerdings bewusst, dass sie ein extrem preisgünstiges Haus erworben hatten.

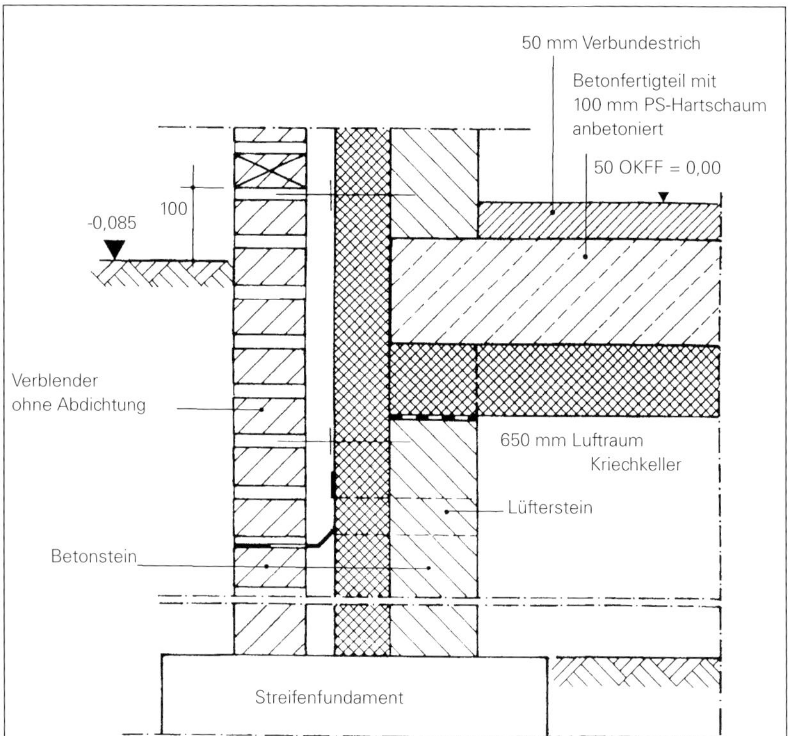

Auflager der Decke über dem Kriechkeller bei einem Haus in niederländischer Bauweise. Der Estrich wird unmittelbar auf die Hohlkörperdecke aufgebracht

Dachkonstruktion/Dacheinbauten/ Dachflächenfenster

Vorgefertigte Dachelemente

Werden Dächer traditionell handwerklich auf der Baustelle hergestellt, wird zunächst vom Zimmermann der Dachstuhl errichtet. Nach Aufbringen von Lattung und Konterlattung erfolgt die Eindeckung durch den Dachdecker. Während in früheren Zeiten der Dachboden häufig unausgebaut blieb und lediglich als Lagerraum genutzt wurde, werden heute immer mehr Dachgeschosse ausgebaut und hochwertig genutzt. Der Dachaufbau beinhaltet daher heute in der Regel weitere Schichten wie Unterspannbahnen, Wärmedämmung und Dampfsperre.
Vorgefertigte Dachelemente fassen die meisten Schichten zusammen, im eingebauten Zustand müssen sie lediglich noch eingedeckt und gegebenenfalls innenseitig bekleidet werden. Zudem sparen sie durch reduzierte Konstruktionen am Material. Sie bestehen aus Brettsparren von beispielsweise 12 cm Höhe bei lediglich 2,2 cm Breite, die in geringem Abstand auf eine Spanplatte geleimt und in voller Höhe mit Mineralfaserdämmung gefüllt werden. Oberseitig werden sie mit einer diffusionsoffenen Unterspannbahn

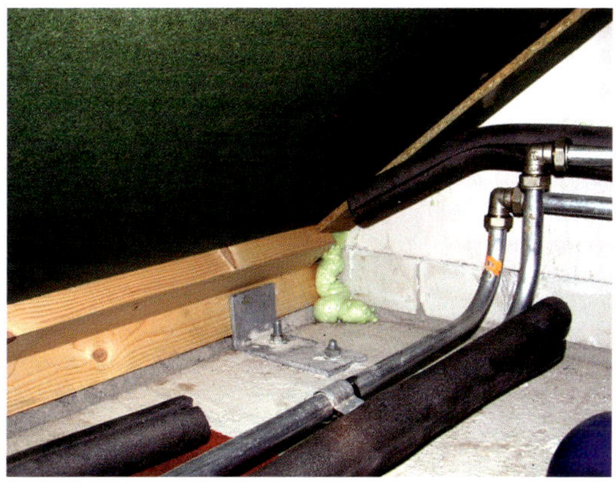

Rechts oben: Die Anschlussfuge zwischen Dachkonstruktion und Dachgeschossfußboden wurde hier lediglich mit Polyurethanmontageschaum ausgeschäumt

Rechts: Befestigung der Dachelemente auf Stiel-Binderkonstruktionen mit Nagelplattenstößen

abgedeckt, die unter die Eindeckung gelangtes Wasser ableitet. Sie ist mit Lattung und Konterlattung befestigt, auf die nach Montieren der Elemente die Eindeckung aus Betondachsteinen vorgenommen wird. Raumseitig werden die im Bereich der Elementfugen überstehenden Dampfsperrfolien verklebt oder mechanisch verbunden und mit Leisten abgedeckt.
Aufgelagert und befestigt werden die Fertigelemente auf bauseits aufgerichteten Fuß-, Mittel- und Firstpfetten.
Bei Klappdächern werden zwei Elemente entlang der Firstlinie über Scharniere miteinander verbunden, vor Ort auseinandergeklappt und mit Hilfe eines Krans positioniert. Die Elemente sind so stabil ausgeführt, dass auf Pfetten verzichtet werden kann. Statt dessen wird zur Verringerung der Spannweite ein Kniestock eingebaut, der später von den Bewohnern aus Stabilitätsgründen keinesfalls entfernt werden darf.
Die Konstruktion der dargestellten Fertigdächer ist im Bereich des Regelquerschnitts nicht zu beanstanden. Als Schwachstellen erwiesen sich bei den vom AIBAU in Augenschein genommenen Fertig- und Klappdächern allerdings die Anschlüsse der Elemente an die Giebelwände und im Bereich der Auflager im Fußpunkt.
Zum einen kommt es zu Abrissen von den Giebelwänden, bedingt durch thermische Längenänderungen. Zum anderen wird die Anschlussfuge zum Dachgeschossfußboden lediglich mit Polyurethanmontageschaum ausgeschäumt und aus optischen Gründen mit einem Abseitenbrett abgedeckt. Eine dauerhaft ausreichende Luftdichtheit im Bereich der Dachanschlüsse ist nicht gewährleistet, da Ortschäume relativ starre Verbindungen ergeben, die durch Verformung der angrenzenden Bauteile aufreißen können, worauf auch DIN 4108, Teil 7 hinweist.
All dies soll nicht prinzipiell von der Verwendung vorgefertigter Elementdächer abhalten. Allerdings müssen die Detailpunkte fachgerecht gelöst werden. Beispielsweise durch Anschlussfolien zwischen der Dampfbremse/Luftdichtheitsschicht der Fertigdächer und Bodenplatte beziehungsweise Giebelwand.
Weiterhin ist zu berücksichtigen, dass bei einem späteren Dachausbau Dachflächenfenster nur in begrenztem Umfang eingearbeitet werden können. Im Unterschied zum herkömmlichen Dach trägt ein Elementdach als Verbund. Großflächige Eingriffe in die selbsttragende Konstruktion führen zur Instabilität des gesamten Daches. Der Käufer ist hierauf explizit hinzuweisen.

Untersicht eines Klappdaches

Untersicht eines Elementdaches, Auflagerung auf der Firstpfette

Grundsätzlich ist es zudem sinnvoll, von Seiten der Planer dem Bauherrn/Käufer eines Hauses mit vorgefertigten Dachelementen Hinweise zum später gegebenenfalls in Eigenleistung beabsichtigten Dachgeschossausbau an die Hand zu geben (beispielsweise in Form einer Gebrauchsanweisung), um die erforderliche Luftdichtheit der gesamten Konstruktion und die schadenfreie Ausführung von Dachdurchdringungen zu gewährleisten.

Hier wächst die Efeu-Fassadenbegrünung zwischen Mauerwerk und Klappdach in einen Wohnraum und verdeutlicht somit die Undichtheit des Anschlusses

Luftdichtheitsprobleme im Bereich nachträglich ausgeführter Rohrdurchführungen durch das vorgefertigte Dachelement aufgrund fehlender Abklebung

Starker Schwindriss eines Vollholzsparrens

Vollholzbalken trotz großer Spannweite

Sollen große Spannweiten mit Holzbauteilen überbrückt werden, kommen meist Brettschichthölzer zum Einsatz. Diese bestehen aus mehreren schmalen »Brettern«, die zu Balken miteinander verleimt werden. Vorteile gegenüber Vollhölzern sind die größere Tragfähigkeit durch eine schubfeste Verbindung einzelner Bohlen sowie eine deutlich geringere austrocknungsbedingte Verformung im eingebauten Zustand.
Bei kostengünstigen Häusern wird dennoch gerne Vollholz anstatt Brettschichtholz verwendet. Große Spannweiten erfordern entsprechende Konstruktionshöhen, sodass austrocknungsbedingt starke Verformungen auftreten. Einige Jahre nach Fertigstellung weisen die Hölzer in der Regel teilweise starke Verdrehungen sowie Schwindrisse auf.
Bei diesen handelt es sich allerdings meist nur um hinzunehmende optische Unregelmäßigkeiten. In einer Vereinbarung über Konstruktionsvollholz im sichtbaren Bereich (Sortierungsmerkmale der Überwachungsgemeinschaft Konstruktionsvollholz) werden Holzquerschnitte mit Rissbreiten unter 1 mm als rissefrei bezeichnet. Nach DIN 18334 sind »Schwindrisse in Bauhölzern und Brettschichthölzern zulässig, sofern die Standsicherheit nicht beeinträchtigt wird«.
Unter statischen Gesichtpunkten sind Risse bis zu bestimmten Breiten unbedenklich, auch wenn sie gut sichtbar sind und von Hauseigentümern gegebenenfalls subjektiv als sehr gravierende Mängel angesehen werden.

Werden Holzbalken durch die Außenwand hindurchgeführt – beispielsweise bei Dachüberständen – kann es durch Verdrehungen und breite Schwindrisse zu Luftundichtheiten kommen, zumal hier ein luftdichter Anschluss ohnehin besondere Sorgfalt bei der Ausführung erfordert. Um Risse weitgehend zu vermeiden, sollte für tragende Holzbauteile größerer Bauhöhe besser Brettschichtholz verwendet werden, da hier strengere Anforderungen hinsichtlich der Rissbreiten und -tiefen gelten. Die Mehrkosten hierfür sind als geringfügig zu bezeichnen.

Nachträgliche Abdeckung der Sparrenköpfe

Innenausbau

Nichttragende Innenwände in Leichtbauweise

Im Bürobau sind Innenwände in Leichtbauweise seit langem üblich. Seit einiger Zeit setzen sie sich auch im Wohnungsbau immer mehr durch – und das nicht nur beim kostengünstigen Bauen. Metall- oder Holzständerwände mit Gipskartonbeplankung bieten prinzipiell eine Reihe von Vorteilen: sie sind gut geeignet, um nicht tragende Innenwände schnell und kostengünstig zu erstellen und lassen sich bei Bedarf relativ leicht versetzen. Geringe Wanddicken sowie das Entfallen des Verputzes sind weitere Vorteile dieses Konstruktionsprinzips. Bei sorgfältiger Verarbeitung lassen sich zudem gute Schallschutzwerte erzielen, die deutlich über denen gleich dicker, massiver Wände liegen.
Doch schon aufgrund des mehrschichtigen Aufbaus bergen Leichtbauwände neben ihren Vorteilen auch eine Reihe potenzieller Schwachstellen, etwa den versehentlichen Einbau punktförmiger Schallbrücken, die den Schallschutz in der Fläche deutlich herabsetzen können.
Der hohe Kosten- und Zeitdruck beim kostengünstigen Bauen kann zur Entstehung derartiger Mängel in hohem Maße beitragen. Insbesondere wenn die Innenwände in Eigenleistung erstellt werden, zum Beispiel bei Ausbauhäusern, erhöht sich das Schwachstellenrisiko. Trotz scheinbar leichter Verarbeitbarkeit ist hier besondere Sorgfalt erforderlich, zudem sollte exakt nach den Verarbeitungshinweisen des Systemherstellers gearbeitet werden.
Die Beplankung der Leichtbauwände sollte an tragende Wände und Decken mit einer Dichtstofffuge angeschlossen werden, um hier Rissbildungen durch unterschiedliche Bewegungen zu vermeiden. Werden die Wandinnenoberflächen verputzt, sollte der Anschluss mit einem Kellenschnitt ausgeführt werden. Das heißt, in den

Risse entlang des Decken-Wand-Anschlusses

Trennstreifen zwischen Decke und Gipsdielenwand

Treppen in einfacher Ausführung

Wie beschrieben, werden bei Häusern niederländischer Bauart die Innentreppen als Fertigbauteile in den Rohbau des Gebäudes eingestellt – noch vor Errichten der Innenwände (s. auch S. 20). Die Konstruktion dieser Treppen ist durchweg äußerst einfach, ebenso wie die Qualität der verwendeten Materialien.
Es finden, wie auch bei in Deutschland üblichen kostengünstigen Treppenkonstruktionen, Weichhölzer oder Furnieroberflächen Verwendung, die nach Fertigstellung des Gebäudes eine abschließende Beschichtung oder einen Anstrich erhalten. Werden die Stufen nicht von den Bewohnern mit Teppich belegt, sind meist schon nach kurzer Zeit deutliche Abnutzungserscheinungen sichtbar.
Darüber hinaus können bei einfachen Holzkonstruktionen regelmäßig erhebliche Knarrgeräusche festgestellt werden. Bei niederländischen Treppen sind diese üblich, da es diesbezüglich in den Niederlanden keine einschränkenden Vorschriften oder Normen gibt. Werden derartige Treppen jedoch in Deutschland bei schlüsselfertigen Häusern verbaut, sind die Käufer auf die unübliche Beschaffenheit des Bauteils hinzuweisen.
Prinzipiell verursachen Treppen, bei denen an Material und/oder Konstruktion gespart wurde, bereits nach relativ kurzer Gebäudestandzeit hohe Folgekosten, wenn aufgrund des raschen Verschleißes ein Komplettaustausch des Bauteils notwendig wird. Aufgrund der oft erheblichen Preisvorteile der beschriebenen Treppen von bis zu 75 % stehen Dauerhaftigkeit und Preis allerdings unter Umständen trotz des schnellen Verschleißes in einem günstigen Verhältnis zueinander.
Auf der anderen Seite ist zu bedenken, dass die Mehrkosten hochwertigerer Treppen mit etwa 1000 bis 2000 € im Verhältnis zum Gesamtpreis des Hauses relativ geringfügig ausfallen und man sich mit der dauerhafteren Lösung in jedem Fall Zeit und Umstände erspart.

Als empfehlenswerte Konstruktion können beispielsweise Treppen mit einer tragenden Konstruktion aus schlanken Stahlprofilen, die mit Massivholzbohlen als Trittstufen belegt werden, genannt werden. Die Stahlkonstruktion kann nach Belieben farbig gestrichen werden, die Oberfläche der Bohlen wird nach einigen Jahren einfach abgeschliffen. Derartige Treppen bieten hohe Qualität trotz günstiger Kosten. Allerdings handelt es sich hierbei um offene Treppenkonstruktionen, sodass der Raum unter der Treppe nicht als geschlossener Abstellraum ausgeführt werden kann.

Unten: Abnutzungserscheinungen an einer niederländischen Fertigtreppe

Ganz unten: Niederländische Fertigtreppen werden mithilfe eines Krans in den Rohbau eingestellt

Steiles Steigungsmaß der Treppen

Um Grundfläche und Material einzusparen, werden Innentreppen nach niederländischem Vorbild äußerst steil ausgebildet – die von den Autoren an Beispielobjekten gemessenen Steigungsmaße betrugen hier bis zu 21/14 cm. Das bedeutet, die Auftrittsbreite der Stufen betrug lediglich 14 cm bei einer Stufenhöhe von 21 cm. Die Treppenstufen sind dabei um bis zu 180° teilweise spindeltreppenartig um einen zentralen Treppenpfosten angeordnet. Derartige Treppen erhöhen die Unfallgefahr beim Begehen und bieten sehr eingeschränkten Komfort gegenüber üblichen Treppen in Einfamilienhäusern.
DIN 18065 gibt für baurechtlich notwendige Treppen ein steilstes Steigungsmaß von 20/23 cm, für baurechtlich nicht notwendige Treppen von 21/21 cm (= 45°) an. Die Norm ist zwar für Einfamilienhäuser nicht bundesweit bauaufsichtlich eingeführt, daher also nicht überall verpflichtend, die hierin genannten Werte können aber generell

Ähnlich einer Spindeltreppe sind sämtliche Stufen an einem zentralen Treppenpfosten befestigt. Das Steigungsmaß fällt sehr steil aus

Trittstufen aus Weichholz mit deutlichen Abnutzungserscheinungen

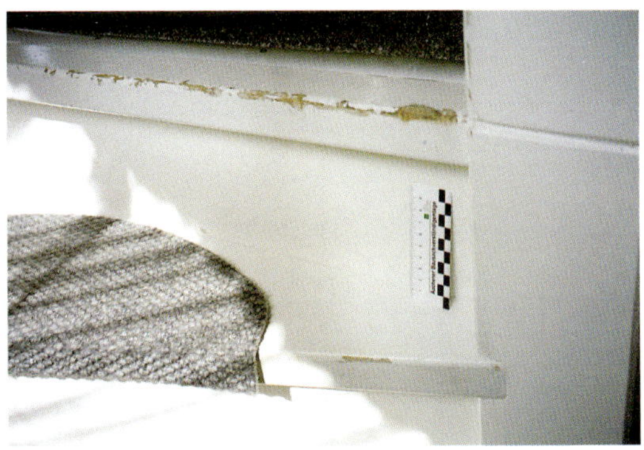

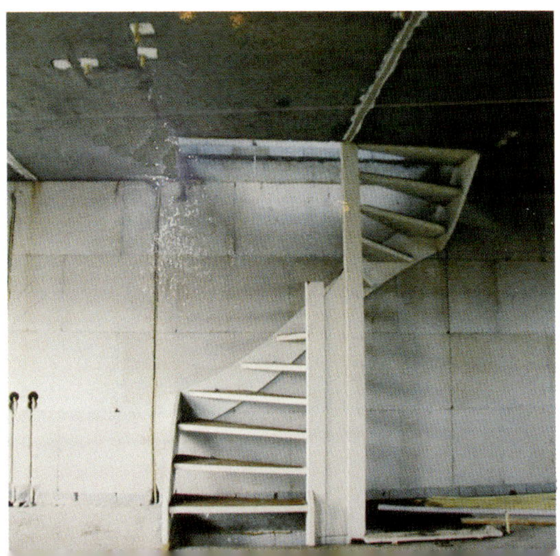

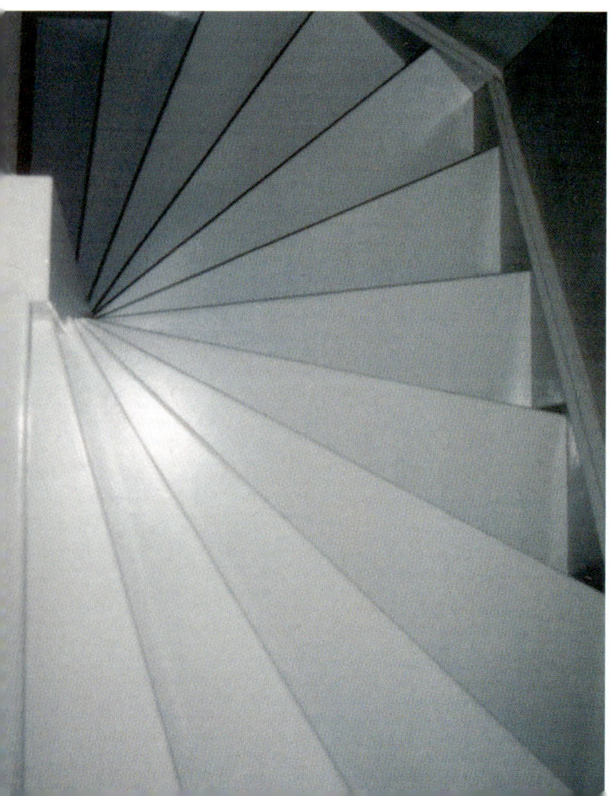

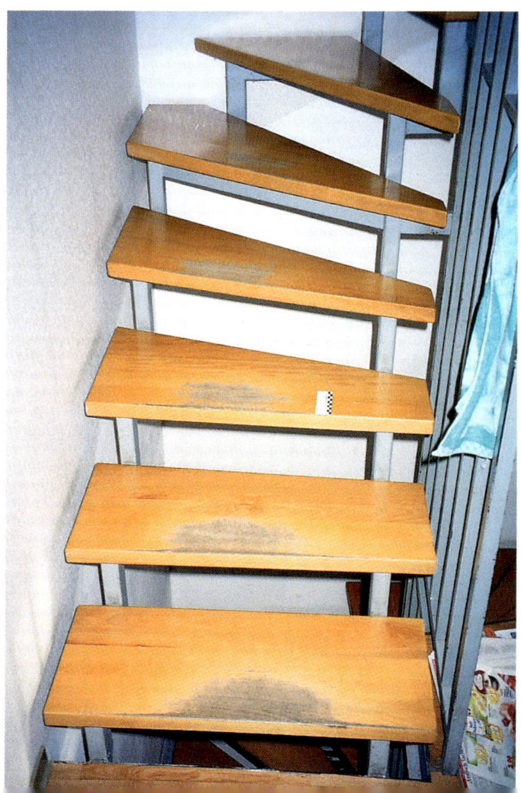

noch nicht abgebundenen Verputz wird entlang des Anschlusses mit der Maurerkelle eine Schattenfuge als Sollbruchstelle eingeritzt.
Die optisch eleganteste, allerdings auch kostenaufwändigste Lösung stellt die Verwendung so genannter Anschlussprofile dar. Diese werden so zwischen der Gipskartonbeplankung und der anschließenden Decke oder Wand montiert, dass sich nach Spachteln oder Verputzen zwischen beiden Bauteilen eine exakt geschnittene schmale Fuge ergibt.
Wird der Anschluss von Leichtbauwänden an tragende Bauteile ohne Trennung verspachtelt oder verputzt, lassen sich spätere Rissbildungen kaum vermeiden. Aus statischer Sicht sind diese ohne Bedeutung, optisch sind sie häufig unschön. Treten sie auf, werden sie gerne im Nachhinein mit Dichtstoffmassen wie Acryl verfüllt, was letztlich jedoch meist auffälliger ist, als hätte man die Risse schlichtweg belassen und im Rahmen des nächsten Anstrichs mit Farbe ausgetupft.
Sollen Leichtbauwände besonders kostengünstig erstellt werden, wird ihre Beplankung unter Umständen mit Spanplatten anstelle von Gipskarton erstellt. Dies ist insbesondere in Lagerräumen oder anderen Nebenräumen problemlos möglich. Bei Aufenthaltsräumen haben Gipskartonplatten Vorteile für das Raumklima: sie können Wasserdampf vorübergehend aufnehmen, speichern und später wieder abgeben. Somit wirken sie regulierend auf die Luftfeuchtigkeit und die hiermit verbundene Behaglichkeit ein.

Fugenprofil im Decken-Wand-Anschluss zur Vermeidung ungleichmäßiger Abrisse

Nichttragende Innenwände aus 7–8 cm dicken Porenbetonelementen oder Gipsdielen

Anstelle von Leichtbauwänden mit Gipskartonbeplankung werden leichte, nichttragende Innenwände auch aus 7–8 cm dicken, großformatigen Porenbetonelementen oder Gipsdielen ausgeführt. Insbesondere bei Häusern nach niederländischem Vorbild sind diese häufig raumhoch bei 1 m Breite. Sie werden möglichst nach Errichten der Außenwände paketweise im Gebäudeinneren abgelegt und nach Montage des Daches in der regendichten Hülle aufgestellt. Raumhohe Elemente werden hierbei lediglich durch Ausschäumen der Wand-Decken-Fuge befestigt.

Abriss zwischen nichttragender Innenwand und Außenwand

Dünne Gipsdielen- oder Porenbetonwände stellen aufgrund des geringen Arbeitsaufwands, der leichten Verarbeitbarkeit sowie des geringen Flächenbedarfs eine sinnvolle Bauweise für Innenwände kostengünstiger Wohnhäuser dar. Das Schwachstellenrisiko durch Ausführungsfehler ist niedriger als bei Leichtbauwänden, der erzielbare Schallschutz fällt allerdings schlechter aus. Lautere Geräusche in Nachbarräumen sind in der Regel deutlich vernehmbar. Hierauf sollten Käufer derart ausgeführter Häuser hingewiesen werden, auch wenn nach DIN 4109 keine Anforderungen an den Schallschutz zwischen den einzelnen Räumen einer Wohneinheit bestehen. Alle Bewohner der von den Autoren untersuchten Häuser mit derartigen Innenwänden bemängelten den Schallschutz zwischen den Räumen. Sie akzeptierten ihn aber meist aufgrund der günstigen Baukosten, die teilweise deutlich unter 1000 €/m² lagen.
In Bezug auf die Vermeidung von Abrissen im Anschlussbereich zu tragenden Wänden und Decken gilt Ähnliches wie zuvor über Leichtbauwände ausgeführt. Kommt es hier dennoch zu Rissbildungen, sollten diese nicht breiter als 0,2 mm ausfallen. Derartige Haarrisse übertragen sich nicht auf aufgebrachte Tapeten, bei verspachtelten oder verputzten Wandoberflächen sind sie optisch hinnehmbar. Baukonstruktiv sind sie, wie auch die meisten breiteren Risse, ohne Bedeutung, sofern keine durchgehenden Fugen entstehen, die den Schallschutz noch weiter vermindern.
Die Risse treten meist in den ersten fünf Jahren der Gebäudestandzeit aufgrund einmalig ablaufender Austrocknungs- und Verformungsvorgänge auf. Sie können daher anschließend problemlos verschlossen werden.

Innentüren in einfacher Qualität

Preiswerte Innentüren erhalten häufig eine Oberfläche aus einfachen, dünn aufgetragenen Spritzanstrichen oder Kunststoffbeschichtungen. Bereits kurze Zeit nach Bezug des Hauses zeigen sich hierbei häufig Abplatzungen, insbesondere an den Kanten und im Bereich der Beschläge. Ursächlich für die beschriebenen Schäden sind Qualität und Dicke der Oberflächenanstriche und -beschichtungen, zu geringe Haftung auf dem Türblatt sowie mangelhafte Kantenausbildung. Vor dem Aufbringen von Anstrichen müssen die Kanten ausreichend abgefast werden, bei Beschichtungen sollte ein Kantenschutz vorgesehen werden. Während sich die Kanten bei mangelhafter Ausbildung scharfkantig anfühlen, wirken abgefaste beziehungsweise mit Kantenschutz versehene Kanten leicht rund. Anstriche über abgefasten Kanten unterscheiden sich vom Farbton her nicht von der Fläche, wohingegen bei hellen Farben über scharfen Kanten die Kante als dunklere Linie durchscheint.
Bei den vom Aachener Institut für Bauschadensforschung und angewandte Bauphysik untersuchten, relativ jungen Häusern beschränkten sich die Abplatzungen auf Kanten und Randbereiche. Es ist allerdings davon auszugehen, dass durch weiteren, qualitätsbedingt schnelleren Verschleiß ein vorzeitiger Neuanstrich oder schlimmstenfalls sogar ein Austausch der Türen erforderlich wird. Dabei ist weiter zu berücksichtigen, dass einfache Anstriche unter Umständen überstrichen werden können, während furnierartige Kunststoffbeschichtungen einen Komplettaustausch erforderlich machen.
Das Innenleben der Türen besteht bei einfachster Ausführung aus Kartonwaben, stabiler sind Türblätter mit einem Kern aus Röhrenspanstegen. Insbesondere bei Anforderungen an den Schallschutz sollten Türen mit Spanplatteneinlagen gewählt werden, die allerdings deutlich teurer ausfallen.

Ablösung der Innentürbeschichtung im Bereich der Kanten

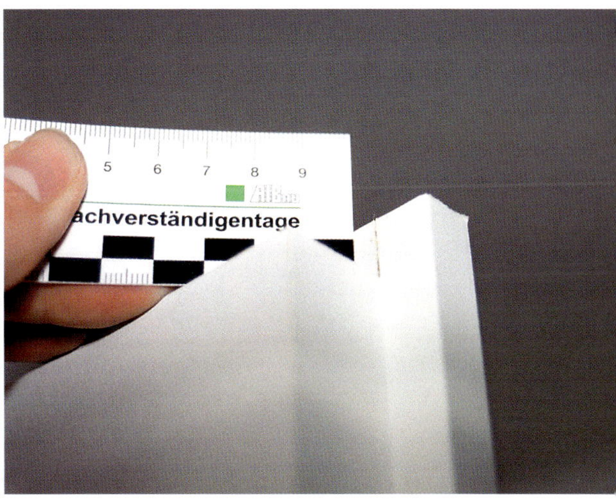

Raumhohe »niederländische« Türzargen

Bei nach niederländischem Vorbild kostengünstig errichteten Häusern werden in der Regel raumhohe Türzargen verwendet, wodurch sich ein Sturz erübrigt. Dies spart Arbeitszeit, insbesondere bei der Verwendung raumhoher Porenbetonelemente zur Erstellung der Innenwände. Die Montage eines Sturzes wäre hier mit erheblichem Aufwand verbunden. Über den Türen wird bei dieser Bauart ein Oberlicht aus klarem Glas angeordnet. Die Zargen werden vor Einbringen des Estrichs auf die Rohdecke gesetzt.
Aus architektonischer Sicht handelt es sich bei der sturzlosen Ausführung mit Oberlichtern um eine nur subjektiv zu bewertende Besonderheit, die merklich zur Kostensenkung beitragen kann. Oft wird es als positiv empfunden, dass auch bei geschlossenen Zimmertüren Licht in die Flure gelangt, andererseits wird beispielsweise von Familien als ungut angesehen, dass sich die Kinderzimmer nicht vollständig verdunkeln lassen.

Werden die transparenten Oberlichter als störend empfunden, lässt sich mit einfachen Mitteln Abhilfe schaffen. So kann die Glasplatte überklebt oder durch eine Holzplatte verdeckt oder ersetzt werden.
Konstruktiv gesehen, stellen die auf der Rohdecke aufsitzenden und durch den Estrich geführten Zargen bei schwimmendem Estrich prinzipiell Schallbrücken dar. Wird der Estrich einfach an sie herangeführt, verbindet die Zarge den Estrich mit der Rohdecke – eine Verbindung, die durch die Trittschalldämmung zwischen Estrich und Decke ja gerade verhindert werden soll. Es ist daher unbedingt erforderlich, an den Zargen, wie an den Innenwänden, die Trittschalldämmung hochzuführen.
Von Nachteil kann die Einbindung der Zargen auch sein, sofern zu einem späteren Zeitpunkt ein Austausch erforderlich werden sollte.

Unten beide: Raumhohe Türzargen mit Oberlichtern

als übliche Beschaffenheit von Treppen angesehen werden. Die beschriebenen niederländischen Treppen fallen deutlich steiler aus als in DIN 18065 beschrieben.
Aus Gründen der Unfallsicherheit und des Komforts sollte auf zu steile Treppenkonstruktionen verzichtet werden. Eine hinreichende Begehbarkeit und Sturzsicherheit muss auch für Kinder und ältere Menschen gewährleistet sein. Steiler als 45° sollten auch Treppen des kostengünstigen Hausbaus keinesfalls ausfallen.
Zudem ist der erzielbare Flächengewinn gering und relativiert sich, da der Raum unter der Treppe bei den untersuchten Häusern in der Regel als Abstellraum und somit sinnvoll genutzt wurde.
Andererseits sollte eine steile Innentreppe allein kein Hinderungsgrund sein, ein schlüsselfertig erstelltes kostengünstiges Eigenheim zu erwerben. Die Bewohner entsprechender Häuser berichtetem dem AIBau durchweg, dass sie sich nach kurzer Zeit an die ungewöhnliche Begehbarkeit auch steilster Treppen gewöhnt hätten.

Einfache Ausbaumaterialien

Zum Ausbau schlüsselfertig kostengünstig angebotener Häuser werden gerne Materialien in einfachster Ausführung verwendet, beispielsweise für Wandoberflächen und Bodenbeläge oder bei Einbauten wie Sanitärgegenständen oder Treppengeländern.
Die verwendeten Materialien lassen die genannten Häuser oft bereits nach wenigen Jahren »verbraucht« erscheinen. Beispielsweise werden Fliesen- und Laminatbodenbeläge mit unterschiedlichen Abriebfestigkeiten der Oberflächen angeboten. Die gewählten Oberflächenabriebfestigkeiten sollten auf die jeweilige Beanspruchung und Nutzungsintensität abgestimmt werden.
Werden nun zu einfache Materialien mit zu geringer Abriebfestigkeit verwendet, verkratzen sie in der Regel rasch. Sanitärgegenstände aus einfachen Kunststoffen verspröden und weisen Risse auf.
Pflegliches Bewohnerverhalten vorausgesetzt, stellen langlebigere und in der Anschaffung kostenintensivere Materialien meist die auf Dauer gesehen kostengünstigere Alternative dar.
Zudem steigern sie durch höhere optische und haptische Ästhetik den Wohnwert sowie gegebenenfalls den Wiederverkaufswert.
Insbesondere bei Bauteilen, deren Austausch mit höherem Aufwand verbunden ist – beispielsweise Fliesenbeläge –, verursachen Materialien geringer Qualität unter Umständen erhebliche Folgekosten.
Werden möglichst hohe Kosteneinsparungen angestrebt, müssen zwar einerseits die Erstinvestitionen soweit möglich reduziert werden. Andererseits sind hiermit unter Umständen höhere Folgekosten in Form frühzeitig anfallender Wartungsarbeiten oder früheren Austauschs von Bauteilen und Materialien verbunden. Einsparungen bei den Baukosten rechnen sich also nur dann, wenn sie inklusive der geringeren Zinsbelastung deutlich unterhalb der im Verlauf der Gebäudestandzeit anfallenden Mehrkosten liegen (s. hierzu auch S. 14).

In der Regel haben die Käufer schlüsselfertiger Häuser die Möglichkeit, anstelle der im günstigen Angebotspreis enthaltenen einfachen Ausbaumaterialien gegen Aufpreis eine bessere Ausstattung zu wählen. Hiervon machen viele Käufer Gebrauch. Die oft erhebliche und unverhältnismäßig erscheinende Höhe der Aufpreise wird von Bauträgern damit begründet, dass die Ausstattung nach Baubeschreibung mit Mengenrabatt bezogen werden könne, während Wunschausstattungen zum regulären Preis eingekauft werden müssten.

Hier wurde gegen Aufpreis eine Ausstattung gewählt, die nicht der Zielsetzung des kostengünstigen Bauens entspricht

Einfachstausführung der Klingel

Fenster und Beschläge

Geringe Material- und Ausführungsqualität der Fenster

Ein hohes Kostensenkungspotenzial bezogen auf die Erstellungskosten bieten die Fensterrahmen. Meist rächt es sich jedoch bereits nach wenigen Jahren, wenn hier an Material- und Ausführungsqualität gespart wurde. So wurden bei über der Hälfte der vom AIBAU untersuchten Wohnhäuser Fenster verbaut, bei denen sich bereits deutliche qualitative Mängel des Materials und/oder der Verarbeitung zeigten.
In vielen Fällen wurde Weichholz (z.B. Fichte oder Kiefernsplintholz) verwendet, das insbesondere an der Westseite der Häuser deutliche Feuchteschäden aufwies, bis hin zur totalen Verrottung einzelner Wetterschenkel. Verstärkt wird dieses Problem, wenn Anstriche mit hohem Dampfdiffusionswiderstand (s_d-Wert) verwendet werden, da hierdurch einmal in das Rahmenholz eingedrungenes Wasser kaum wieder austrocknen kann. Die übliche Lebensdauer von Holzfenstern beträgt mehrere Jahrzehnte. Bei den beschriebenen Fenstern ist hingegen davon auszugehen, dass sie bereits in absehbarer Zeit ausgetauscht werden müssen. Auch durch – teilweise aufwändige – Instandsetzungsmaßnahmen wie den partiellen Holzersatz lassen sich Schäden in der Regel nur vorübergehend beheben.
Durch schlechte Verarbeitung hatten sich bei einigen der von den Autoren besichtigten Häusern die Fenster bereits so stark verzogen, dass sie sich kaum noch beziehungsweise nur noch mit hohem Kraftaufwand schließen ließen.

Unten und rechts: Starke Feuchtigkeitsschäden an den Zapfstellen eines Fensters – hier erneut nach Instandsetzungsversuch

Dieses Problem betraf Holz- wie Kunststofffenster. Verzogene Rahmen haben meist Luftundichtheiten, damit verbunden Wärmeverluste und Zugerscheinungen zur Folge. Auch erheblicher Verzug kann einen Komplettaustausch erforderlich machen.
Die Kosten eines Fensteraustauschs fallen deutlich höher aus als die bei der Errichtung des Gebäudes erzielten Einsparungen. Daher sollte bei den Fenstern weder an der Material- noch an der Ausführungsqualität gespart werden.
Allerdings darf der Hinweis nicht fehlen, dass insbesondere bei Holzfenstern die Lebensdauer in hohem Maße auch von regelmäßig durchgeführten Wartungs- und Instandhaltungsmaßnahmen abhängt.

Türanschluss mit unzureichender Aufkantungshöhe – besonderes Problem bei geringer Materialqualität

Einfache Konstruktion der Fenster

Problemlos gespart werden kann bei den in Deutschland üblichen Komfortmerkmalen der Fenster, sofern man sich einige Besonderheiten bewusst macht und diese berücksichtigt. So bietet es sich an, bei größeren Fensterelementen nicht alle Gläser als öffenbare Flügel auszuführen, sondern einen kleineren Öffnungsflügel mit feststehenden Gläsern zu kombinieren oder in Räumen mit mehreren Fenstern nicht alle öffenbar auszuführen. Insbesondere in Räumen des Erdgeschosses oder in Räumen mit vorgelagerten Balkonen oder Dachterrassen, bei denen die Fensterflächen von außen problemlos zu erreichen sind, müssen nicht alle Fenster zu öffnen sein.
Werden Festverglasungen mit öffenbaren Flügeln kombiniert, bleibt die Frischluftversorgung des Raumes gewährleistet, der Bewohner muss lediglich beim Fensterputzen einen erhöhten Aufwand in Kauf nehmen. Bei Räumen mit Fenstern in zwei unterschiedlichen Außenfassaden sollte in jeder Fassade ein öffenbarer Fensterflügel angeordnet werden, um zügiges Stoßlüften zu ermöglichen.
Fenster niederländischer Bauart gehen noch einen Schritt weiter: sofern sie öffenbar sind, lassen sie sich meist nur aufschwenken, nicht aber kippen. Allerdings ermöglichen Feststellvorrichtungen das Fixieren des geöffneten Flügels in einer bestimmten Position, zudem befinden sich oberhalb der Fensterflügel häufig Lüftungsklappen.

Nicht kippbare Fenster sind in Deutschland unüblich. Durch die Möglichkeit, den Flügel gering geöffnet zu fixieren, wird für gewöhnungsbedürftigen, aber funktionalen Ersatz gesorgt. Integrierte Lüftungsklappen dürften kaum ausreichend luftdicht zu verschließen sein, sind jedoch hierzulande auch bei nicht kippbaren Fenstern ohnehin nicht gebräuchlich.

Die genaue Ausführung der Fenster sollte bei schlüsselfertig erstellten Gebäuden in der Baubeschreibung enthalten sein. Bei individuell geplanten Einfamilienhäusern sollten sich Architekt und Bauherr gemeinsam überlegen, ob und wie hier sinnvoll Kosten reduziert werden können.

Fensterbeschlag in einfachster Ausführung

Lüftungsklappe bei nicht zu kippendem Fenster

Deckenhohe/raumhohe Fensterelemente

Durch bis unter die Decke reichende Mauerwerksöffnungen zur Aufnahme der Fenster kann auf die Ausbildung eines separaten Fenstersturzes verzichtet werden. Nicht immer wird hierbei allerdings auch das Fenster selbst bis unter die Decke geführt. Der obere Bereich der Wandöffnung wird gegebenenfalls mit einfachen Sandwichkonstruktionen – gedämmten und beidseitig beplankten Leichtbauteilen – verschlossen. Bei den vom AIBau untersuchten Häusern wurde diese Lösung vor allem in den Obergeschossen gewählt.
Weitergehend kann zudem auf massive Brüstungen verzichtet werden. Die Fenster werden hier als raumhohe Elemente ausgeführt, deren Brüstungspaneele gedämmt und mit Werkstoffplatten verkleidet werden. Diese Bauart ist insbesondere in Verbindung mit Außenwänden aus geschosshohen, vorgefertigten Wandbauteilen, beispielsweise Stahlbetonfertigteilen, sinnvoll.

Bei Häusern niederländischer Bauart wird im Wohnraum gerne ein fast raumbreites, raumhohes Fensterelement eingesetzt, das neben der Terrassentüre mit öffenbarem Oberlicht über ein großformatiges, festverglastes Fenster verfügt. Die hierbei meist niedrige Brüstung unterhalb dieses Fensters ist Bestandteil des Gesamtelements und wird als Sandwichpaneel ausgeführt. Deckenhohe Fenster lassen mehr Licht in den Innenraum gelangen, verbinden somit den Spareffekt mit höherem Wohnwert. Wird allerdings nur die Rohbauöffnung deckenhoch ausgeführt, deren oberer Bereich dann aber undurchsichtig bekleidet, entfällt dieser Vorteil. Unter Umständen ergibt sich dann sogar eine Wärmebrücke aufgrund unzureichender Dämmung im bekleideten Bereich, wenn die Außenwände durchgehend hoch gedämmt sind, an dieser Stelle jedoch lediglich eine wenige Zentimeter dicke Dämmplatte angeordnet wird. Gleiches gilt für die Ausführung der Brüstung bei raumhohen Fensterelementen.
Bei deckenhohen Fenstern, wie bei großformatigen Fenstern generell, muss dem sommerlichen Wärmeschutz besondere Aufmerksamkeit gewidmet werden. Sofern dieser nicht durch bauliche Gegebenheiten – z.B. Dachüberstände oder Balkone – gewährleistet ist, müssen anderweitige Verschattungsmaßnahmen vorgenommen werden, um sommerliche Überhitzung der nach Süden und Westen orientierten Räume zu vermeiden.
Hier kommt hinzu, dass bei kostengünstigen Gebäuden unter Umständen keine Rollläden montiert werden. Häufig werden diese allerdings nachgerüstet – mehr hierzu im folgenden Abschnitt.

Über die gesamte Fassadenhöhe durchgehendes Fensterelement

Fenster ohne Rollläden

Um Baukosten einzusparen, wird immer wieder gerne auf die in Deutschland bei Neubauten durchweg übliche Montage von Rollläden in Rollladenkästen, die oberhalb der Fenster in die Außenwand integriert werden, verzichtet. Aus bauphysikalischer Sicht ist dieser Verzicht durchaus begrüßenswert, da Rollladenkästen Wärmebrücken darstellen können. Zudem können sie Probleme in Hinblick auf die Luftdichtheit des Gebäudes bereiten, insbesondere bei manueller Bedienung über Gurte.

Das Verhalten vieler Käufer schlüsselfertig von Bauträgern erstellter, kostengünstiger Einfamilienhäuser zeigt aber, dass Rollläden in Deutschland durchweg gewünscht werden, sei es lediglich, um Einblicke zu verhindern oder aber auch, um Einbruch zu erschweren. Fehlen Rollläden bauseits, werden sie vielfach außenliegend nachgerüstet. Das Erscheinungsbild der betroffenen Häuserreihen oder gar ganzer Siedlungen wird durch aufgesetzte Rollladenkästen in unterschiedlichsten Farben und Formen meist stark beeinträchtigt, zumal auch auf Elemente wie stehende Rollschichten keine Rücksicht genommen wird. Unter Umständen verdecken die nachträglich angebrachten Rollläden sogar den oberen Bereich des Fensters.

Auch die Untersuchung des AIBAU bestätigte dieses Bild: keines der besichtigten Gebäude verfügte über in die Außenwandkonstruktion integrierte Rollläden. Allerdings hatte sich die überwiegende Zahl der Bewohner vorgesetzte Rollläden nachträglich auf die Außenwände montiert, sofern dies nicht aus Gründen der Einheitlichkeit der Siedlung untersagt war.

Sinnvoll wäre bei kostengünstigen Gebäuden, die typisiert erstellt werden, ohne dass die späteren Bewohner Einfluss auf die Ausstattung haben, eine standardisierte Nachrüstmöglichkeit, die bereits bei der Planung berücksichtigt wird, für alle Häuser einer Hausgruppe oder Siedlung anzubieten und auf Wunsch zu montieren. Au-

Nachträglich auf die Außenwände montierte Rollläden

ßen vorgesetzte Rollläden können hier durchaus Verwendung finden, sie sollten allerdings von Beginn an in den Entwurf integriert werden. Von einigen Herstellern standardisierter Fertighäuser wird bereits entsprechend verfahren.
Beispielsweise kann hierzu bei kleineren Fenstern einfach das Sturzprofil des Fensters aufgedoppelt werden. In die Ecke zwischen aufgedoppeltem Profil und Außenwandsturz wird bei Bedarf später der Rollladen montiert. Dieser kann dann elektrisch betrieben werden, womit auch das Wärmebrücken- und Luftdichtheitsproblem entfällt.
Bei individuell geplanten Einfamilienhäusern können ähnliche Nachrüstmöglichkeiten vorgesehen werden, sofern nicht die späteren Bewohner ohnehin dauerhaft auf Rollläden verzichten wollen.

Reduzierte Fensterfläche durch Nachrüstrollläden

Heizung

Preiswerte, nicht marktgängige Heizthermen

Werden besonders preisgünstige, in Deutschland aber nicht marktgängige Heizungsanlagen verbaut, die beispielsweise von einem ausländischen Hersteller preisgünstig bezogen wurden, kann dies im Nachhinein viel Ärger bereiten. Treten in der Folgezeit Defekte auf, die nicht von ortsansässigen Handwerksunternehmen behoben werden können, fallen aufgrund hoher Anfahrtskosten eines geeigneten Unternehmens die Instandsetzungskosten unverhältnismäßig hoch aus. Der günstige Anschaffungspreis relativiert sich hierdurch schnell. Zudem ist die Auswahl möglicher Wartungs- und Reparaturfirmen stark eingeschränkt, auch dies kann aufgrund einer Monopolstellung des ausführenden Unternehmens die Kosten in die Höhe treiben. Letztlich kommt eine solche Heizungsanlage unter Umständen teurer zu stehen als ein gebräuchliches Fabrikat.
Wie schon mehrfach erläutert, gilt auch hier, dass »Kostengünstiges Bauen« kein auf die Erstellungskosten beschränktes Schlagwort sein darf, sondern sich auf die Nutzungsdauer des Gebäudes erstrecken muss. Ein Ersatz von Erstinvestitionen durch höhere Folgekosten ist diskutabel, sofern die bei der Anschaffung eingesparten Kosten zuzüglich der geringeren Zinsbelastung unter den im Verlauf der Gebäudestandzeit anfallenden Mehrkosten liegen.
Somit müssen Folgekosten, die zum Beispiel durch Wartungsarbeiten entstehen, bereits bei der Erstinvestition berücksichtigt werden. Bauherren eines individuell geplanten Hauses sollten daher von vornherein eine Heizungsanlage eines Herstellers wählen, dessen Anlagen von mehreren Handwerksbetrieben in der näheren Umgebung problemlos gewartet und instandgesetzt werden können.
Käufer eines schlüsselfertigen Wohnhauses sollten sich über die standardmäßig verbaute Heizung informieren und gegebenenfalls gegen Aufpreis ein anderes Fabrikat wählen. Über die vorgesehene Anlage sollte die Baubeschreibung des Hauses genauere Angaben machen.

Anordnung der Heiztherme unter dem Dach

Um einen Schornsteinzug durch das gesamte Gebäude einsparen zu können, werden seit einiger Zeit gasbetriebene Heizungsanlagen gerne unmittelbar unter dem Dach angeordnet.
Der Verzicht auf den Schornsteinzug lohnt sich aus finanzieller Sicht eindeutig. Auch aus Gründen des Entwurfs kann er von Vorteil sein. Allerdings wird vereinzelt über Probleme mit

Typische Ausführung einer Heiztherme unter dem Dach

der Heizleistung berichtet, insbesondere bei höheren Gebäuden. Schließlich macht sich eine im Keller angeordnete Heizung den physikalischen Grundsatz zu Nutzen, dass Wärme nach oben steigt und Kälte absinkt. Dieses Prinzip muss bei Anordnung unter dem Dach über verstärkte Pumpleistung umgekehrt werden.
Zu berücksichtigen ist weiterhin, dass auch moderne, Platz sparende Heizthermen bei einem späteren Ausbau oder bei Nutzung des Dachgeschosses Auswirkungen auf die Raum- beziehungsweise Grundrissgestaltung haben können. Sie müssen in diesem Fall von Wohn-, Schlaf- oder Hauswirtschaftsräumen abgetrennt werden, der Zutritt trockener Luft muss gewährleistet sein. Wird die Verbrennungsluftzufuhr über genutzte Räume vorgenommen, kann es auf Grund erhöhter Luftfeuchtigkeit zu Problemen kommen. Auch aus Gründen des Schallschutzes ist eine Abtrennung erforderlich.

Heizleitungen auf Putz, im Estrich oder in der Decke verlegt

Bei über der Hälfte der vom AIBau begangenen Siedlungen waren die Heizleitungen sichtbar auf Putz verlegt, teilweise vertikal durchlaufend vom Boden zur Decke, teilweise aber auch horizontal in geringer Höhe vor den Wänden verlaufend. Die offen verlegten Rohre wurden oft kombiniert mit Leitungen, die im Estrich oder sogar vor Vergießen innerhalb der teilvorgefertigten Zwischendecke verlegt wurden.
Die beschriebenen Verlegearten vereinfachen die Heizungsinstallation deutlich, haben allerdings verschiedene Schwachstellen zur Folge: offen verlegte Leitungen, die zwischen Räumen oder Geschossen verlaufen, wirken als Schallbrücken. Ebenso Heizungsrohre, die unmittelbar in der Trittschalldämmung des schwimmenden Estrichs untergebracht werden. Die Wirkung der Trittschalldämmung wird deutlich (um bis zu 25 dB) reduziert. Sollen Heizleitungen oder sonstige Installationen im Bodenaufbau untergebracht werden, sollte daher hierfür eine eigene Schicht im Bodenaufbau vorgesehen werden. Der Raum zwischen den Leitungen wird mit Dämmstoff verfüllt, darüber die eigentlich wirksame Trittschalldämmung angeordnet.
Horizontal vor den Wänden verlaufende Rohre können sich bei der Möblierung als störend erweisen, zudem werden sichtbare Heizleitungen oft als unschön empfunden.
Des Weiteren ergeben sich bei Leitungsführung in der Rohdecke Probleme, wenn zu Reparaturzwecken auf die Leitungen zugegriffen werden soll.

Unten und rechts: Im Estrich oder unter dem Estrich ohne dämmende Ummantelung verlegte Heizrohre stellen eine Schallbrücke dar, die im Foto durch eine Mörtelbrücke zwischen Rohdecke und Estrich verstärkt wird.

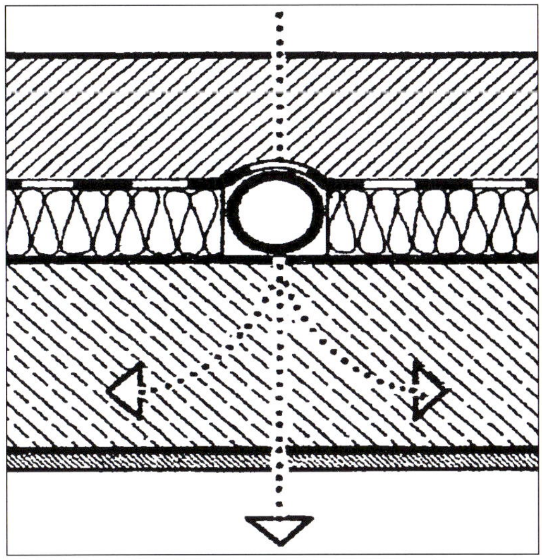

Heizleitungen auf Putz

Heizzentrale für mehrere Häuser

Gemeinschaftliche Heizanlagen für ganze Siedlungen oder einzelne Reihenhauszeilen senken deutlich die Investitions- und Wartungskosten. Ihr Wirkungsgrad ist höher als bei Einzelanlagen, die Abrechnung erfolgt über Wärmemengenzähler.
Um Wärmeverluste aufgrund längerer Zuleitungen zu minimieren, ist auf deren ausreichende Dämmung besonders zu achten. Zum anderen kann im Fall eines Schadens an den Zuleitungen erheblicher Aufwand erforderlich werden, sofern diese kaum oder nur unter Einsatz schweren Geräts zugänglich sind. Beispielsweise wenn sie unter einem gepflasterten Weg oder im Estrich des Erdgeschosses von Haus zu Haus verlaufen. Letztgenannte stellen zudem eine Schallbrücke zwischen den Häusern dar.
Sinnvoll ist es beispielsweise, gemeinschaftliche Heizleitungen unter einem vor der jeweiligen Hauszeile durchlaufenden Pflanzbeet zu führen und die Zuleitungen zu den einzelnen Häusern unmittelbar abzuzweigen.

Elektrisch betriebene Heizungen

Insbesondere bei älteren Häusern findet man immer wieder elektrisch betriebene Heizungen. Doch auch bei Neubauten wird gelegentlich noch auf Gas, Öl oder andere Brennstoffe verzichtet. Als Vorteil werden der geringere Installationsaufwand sowie die günstigen Erstinvestitionskosten angeführt.
Aufgrund der mittlerweile deutlich gestiegenen Strompreise führen elektrische Heizungen allerdings heute zu erheblichen Betriebskosten. Zudem sind sie wegen ihrer wesentlich schärferen Bewertung beim Nachweis des Primärenergiebedarfs nach der Energieeinsparverordnung seit 2002 aus ökologischen Gründen kaum noch realisierbar. Gemäß DIN V 4701, Teil 10, ist hier ein Primärenergiefaktor f_p von 3,0 anzusetzen. Dies bedeutet, dass die errechnete Energieverbrauchsmenge mit dem Faktor 3 multipliziert werden muss, um dem Umstand Rechnung zu tragen, dass bereits bei der Erzeugung des Stroms erhebliche Energiemengen verbraucht werden.

Heizzentrale vor Kopf der Reihenhauszeile

Elektrisch betriebener Wandheizkörper, hier im Bad

Sonstiges

Verwendung von Lagerbeständen

Zuweilen werden Bauteile verwendet, die nicht exakt der eigentlich erwarteten Beschaffenheit entsprechen und wohl bereits vorhandenen Lagerbeständen entnommen wurden. Dies ist selbstverständlich keine Lösung, wenn hierdurch Schwachstellen entstehen können.
Anders ist dies zu bewerten, wenn die verwendeten Bauteile funktional und konstruktiv keine negativen Auswirkungen erwarten lassen, eventuell lediglich optisch abweichen. Erklärt sich der Bauherr oder Hauskäufer gegen einen annehmbaren Preisnachlass mit einer solchen Lösung einverstanden, ist gegen derartige Resteverwertung nichts einzuwenden.
Hierzu ein Beispiel, vorgefunden bei den vom Aachener Institut für Bauschadensforschung und angewandte Bauphysik besichtigten Häusern: Bei einer Siedlung entstammten einige Zimmerfenster offenbar vorhandenen Lagerbeständen. Wie alle anderen Untersuchungsobjekte verfügten auch diese Häuser bauseits weder über Rollladenkästen noch über Rollläden. Dennoch wiesen einige Fenster Rollladenführungsschienen auf – eine optische Kuriosität, jedoch ohne Auswirkungen auf Funktionalität oder Dauerhaftigkeit. Auch das Erscheinungsbild wird nicht entscheidend beeinträchtigt, die hier nutzlosen Schienen sorgen bestenfalls beim aufmerksamen Betrachter für Verwunderung.

Oben: Rollladenführungsschiene trotz nicht vorhandener Rollläden

Ganz oben: Zu kleine Kellerfenster, die Fuge wurde hier mit einer Kunststoffleiste abgedeckt

Rigolenentwässerung

Rigolenentwässerungen sind prinzipiell ökologisch wie ökonomisch sinnvolle Alternativen zur Kanalisation. Anfallendes Regenwasser wird hierbei in Gräben geleitet und somit auf dem Grundstück versickert. Hierdurch werden die Kosten einer Kanalisation gespart.
Bei der oberirdischen Ableitung des auf den Dächern anfallenden Regenwassers dürfen allerdings gemäß DIN 1986 Dritte nicht beeinträchtigt werden. Die Nutzbarkeit öffentlicher Verkehrsflächen, beispielsweise des Gebäudezugangs, darf nicht eingeschränkt werden, indem die Fallrohre oberirdisch entwässert und das Wasser durch Rinnen quer über die Erschließungsgehwege geleitet wird, die zwischen Gebäude und Rigole angeordnet sind. Nicht nur, dass die quer im Weg verlaufenden Rinnen als solche schon die Begehbarkeit, insbesondere für ältere Menschen und Kinder beeinträchtigen. Erst recht ist von einer deutlich erhöhten Unfallgefahr auszugehen, wenn im Winterhalbjahr die Rinnen vereisen.
Ein solcher Planungsfehler kann vermieden werden, indem das Wasser durch ein unterirdisches Rohr (in frostfreier Tiefe, je nach örtlicher Gegebenheit 80 – 100 cm unter OK Gelände) vom Fallrohr zur Rigole geführt wird.
Des Weiteren müssen die Austrittskrümmungen offen entwässernder Fallrohre so ausgebildet werden, dass der Austritt des Wassers keine inakzeptabel lauten Geräusche verursacht.

Links beide: Das Regenwasser wird durch offene Rinnen über die Erschließungswege der Reihenhausanlage in die Rigole geleitet

Beispielprojekte

Wie dargestellt, gibt es eine Vielzahl von Möglichkeiten, bei der Konstruktion eines Hauses die Kosten gegenüber dem üblichen Standard zu senken – mit unterschiedlichsten Auswirkungen auf Funktionalität, Dauerhaftigkeit und Komfort. Im Folgenden werden nun fünf kostengünstig erstellte Projekte – vier Reihenhäuser und ein freistehendes Einfamilienhaus – vorgestellt, bei denen in unterschiedlichem Maße einige der aufgeführten kostengünstigen Konstruktionen und Ausführungen Verwendung fanden. Die Beispiele zeigen, dass die Architektur kostengünstiger Häuser keineswegs eintönig sein muss, sondern durchaus Qualität bieten und ansprechend gestaltet sein kann.

FÜNF BEISPIELHAFTE KOSTENGÜNSTIGE HÄUSER

Vier Häuser in Limburg

Winfried Gros, Limburg

Bei der Besichtigung eines Neubaugebiets in Limburg an der Lahn fällt eine Reihenhauszeile auf, die sich deutlich von der umgebenden Bebauung abhebt. Die vier Häuser des Architekten und Bauingenieurs Winfried Gros bestechen durch ihre Schlichtheit, gelungene Proportionen sowie die Wahl weniger, großflächig eingesetzter Materialien.
Von der Straße aus erscheint die kleine Anlage als flacher Riegel, markant blau verputzt, mit naturfarben belassenen Lärchenholzfenstern, -türen und -toren. Auf der Gartenseite springt die Fassade partiell zurück, wodurch intime Innenhöfe als Terrassen entstanden, die trotz der verdichteten Bauweise ein hohes Maß an Privatheit ermöglichen. Die Terrassen verbinden die relativ großen Gärten mit dem Wohnraum im Erdgeschoss. Über bodentiefe, über Eck reichende Glasflächen wird dieser großzügig belichtet, durch die aufgelöste Ecke wird dem Raum Schwere genommen. An den Wohnraum schließt die halb offene Küche an, daran ein kleiner Hauswirtschaftsraum. Trotz ihrer Lage im Inneren wird die Küche akzeptabel durch ein Oberlicht über der Türe zum Hauswirtschaftsraum belichtet. Funktional durchdacht ist der Durchgang zur integrierten Garage mit anschließendem Kellerersatzraum.
Die einläufige Treppe und der Flur im Obergeschoss werden über ein großflächiges Oberlicht im leicht geneigten Pultdach erhellt. Das Obergeschoss ist recht ungewöhnlich geschnitten, aber durch die Verwendung leichter, nicht tragender Innenwände in Ständerbauweise sehr variabel. So sind regulär drei Schlafräume vorgesehen, von denen sich einer bei Bedarf nochmals unterteilen lässt. In einem der abgebildeten Häuser wurden zwei der Räume zu einem großen Wohnraum mit offener Küche zusammengeschlossen, das Erdgeschoss wird hier als Praxis genutzt. Eine kleine Dachterrasse im Bereich des Innen-

Die Gartenseite wurde durch Fassadenrücksprünge gegliedert

hofs ist zwei der drei Räume als Freibereich vorgelagert.
In vieler Hinsicht kann die Architektur der Häuser als vorbildlich angesehen werden, lediglich der hohe Anteil reiner Erschließungsfläche sowie die schlechte Belichtung des mittleren Zimmers im Obergeschoss fallen negativ auf.
Die Reihe wurde zu Baukosten knapp unter 1000 €/m² erstellt. Ermöglicht wurde dies durch die schlichte Architektur mit kompakten Baukörpern, in erster Linie aber durch konstruktive Maßnahmen. So wurden Haustrennwände und Zwischendecken aus teilvorgefertigten, großformatigen Betonelementen erstellt, die Fassaden aus Bims gemauert und die meisten Innenwände in Leichtbauweise eingestellt. Sämtliche Wand- und Deckenoberflächen wurden gespachtelt und gestrichen. Die beiden Schalen der Haustrennwände wurden zwar in der Dicke auf 17,5 cm minimiert, aufgrund der außergewöhnlichen Breite

der Schalenfuge von 9 cm wird dennoch ein gutes Schallschutzniveau erzielt. Zudem wurde die Bodenplatte zwischen den Häusern getrennt.
Nicht gespart wurde hingegen an der Qualität im Detail. So wurden die Randanschlüsse der nicht tragenden Innenwände mit Anschlussprofilen hergestellt, die durch saubere Trennung beider Bauteile mit einem glatten Schnitt späteres Aufreißen vermeiden. Ebenso wurden die raumhohen Blockzargen der Innentüren mit Anschlussprofilen eingesetzt. Besonderes Augenmerk verdienen auch die oberflächenbündig eingesetzten Fußleisten: hier wurde einfach die obere Lage der zweilagigen Gipskartonbeplankung der Ständerwände ausgeklinkt.
Im Bereich der Außenwände schließt der Bodenbelag – durchweg Ahorn-Mehrschichtparkett – mit einem Korkstreifen ab.
Das Projekt wurde mit hoher Sorgfalt detailliert durchgeplant. Trotz der Zielsetzung, möglichst kostengünstig zu bauen, stand hohe Qualität im Vordergrund. Doch der betriebene Aufwand dürfte sich auf die Dauer bezahlt machen, für kostengünstige Konstruktionen oft typische Schwachstellen sind bisher nicht aufgetreten.

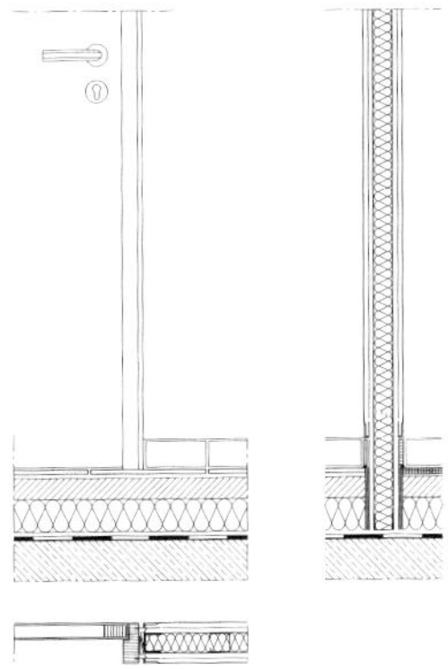

Anschlussdetail

Anschluss Blockzarge Ständerwand

Röhrenspanntürblatt Ahorn Massiv
mit UA-Profil der Ständerwand
spannungsfrei verschraubt
Umlaufende Schattenfuge Einfassprofil Protektor Ständerwand
beidseitig doppelt beplankt

Anschluss Sockelleiste

Wandbündige Sockelleisten aus
Parkettbodenstreifen bzw. Fliesen
auf erste GK.-Platte gklebt.
L-Putzabschlussprofil Protektor

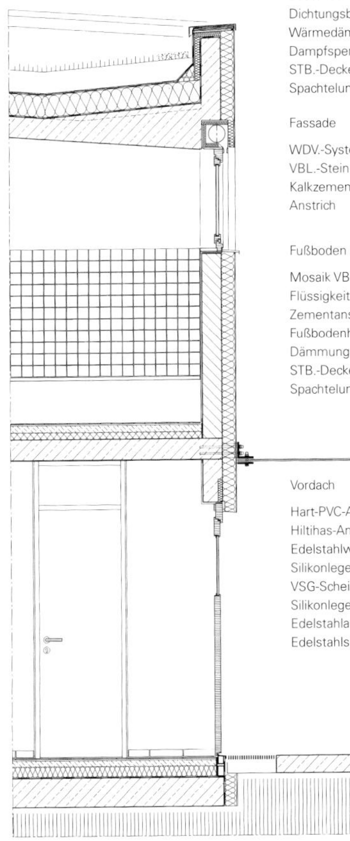

Fassadenschnitt

Dachaufbau

Extensive Begrünung
Vegetationstragschicht 8 cm
Filtervlies
Wasserspeicherplatte 5 cm
Bautenschutzmatte 1 cm
Dichtungsbahn 1 cm
Wärmedämmung PU 20 cm
Dampfsperre 0,5 cm
STB.-Decke 20 cm
Spachtelung 0,5 cm

Fassade

WDV.-System 14 cm
VBL.-Stein 17,5 cm
Kalkzement-Putz 1,5 cm
Anstrich

Fußboden OG

Mosaik VB-Architektur 10 x 10 cm
Flüssigkeitsabdichtung
Zementanstrich 7 cm
Fußbodenheizung
Dämmung + Trittschall 4,25 cm
STB.-Decke
Spachtelung 0,5 cm

Vordach

Hart-PVC-Abstandhalter
Hiltihas-Anker M 12L = 350 mm
Edelstahlwinkel 140/140/14
Silikonlegeband 5 mm
VSG-Scheibe 1,75 mm Folie
Silikonlegeband 5 mm
Edelstahlanpressplatte 140/14
Edelstahlschrauben M 14

Eingangstür

Mehrschichtverleimte Tür
Umlaufender Stahlkern
3fach Verriegelung
Holzart: Lärche
Runder Glasausschnitt
Glashalteleiste L – Edelstahl

Fußboden OG

Fliesen VB-Architektur 20 x 20 cm
Zementanstrich 7 cm
Fußbodenheizung
Dämmung PU 9,0 cm
Dichtungsbahn 0,5 mm
STB.-Bodenplatte 25 cm
Sauberkeitsschicht B 10
Frostschutzschicht
Schotter 0–56 mm

Links: Die Eingangsseite wurde durch integrierte Garagen durchgängig gestaltet

Oben: Rahmenlose Eckfenster sorgen für gute Belichtung

Links und links oben: Durch ein Oberlicht über dem Treppenlauf wird der innen liegende Flur des Obergeschosses erhellt

Rechts: Durchdachte Raumkonstellationen sorgen für optische Großzügigkeit

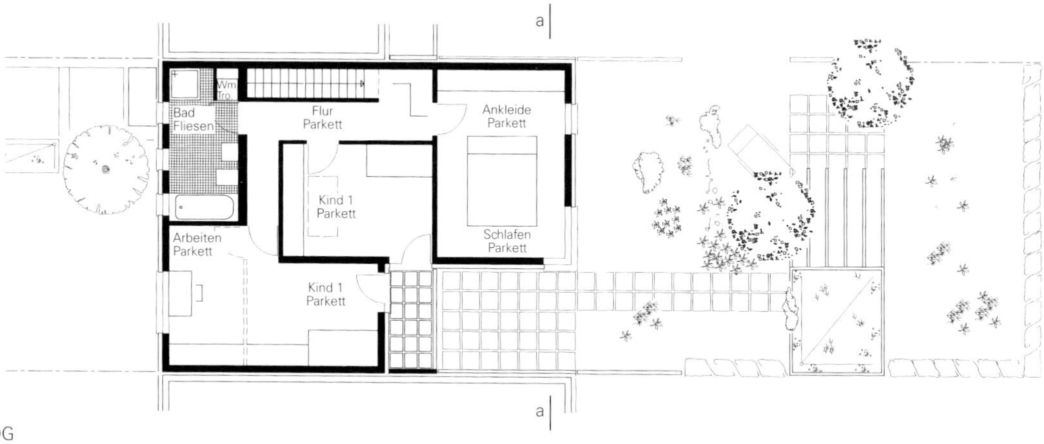

OG

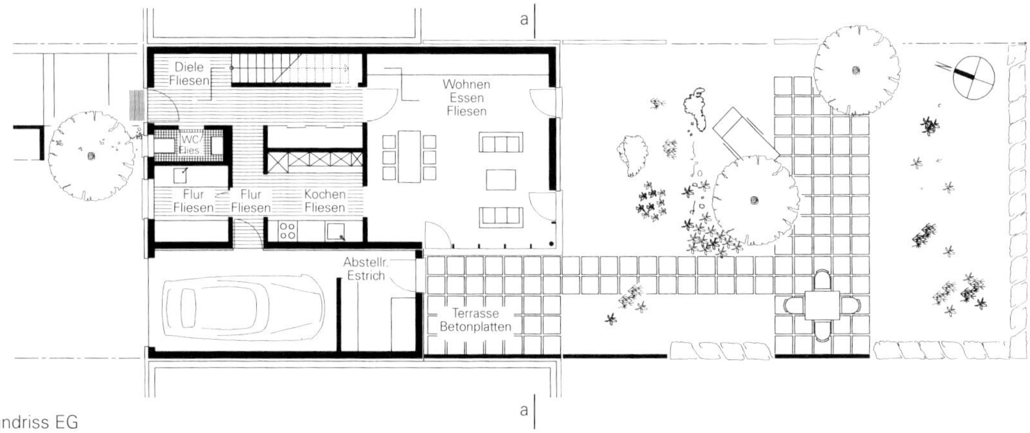

Grundriss EG

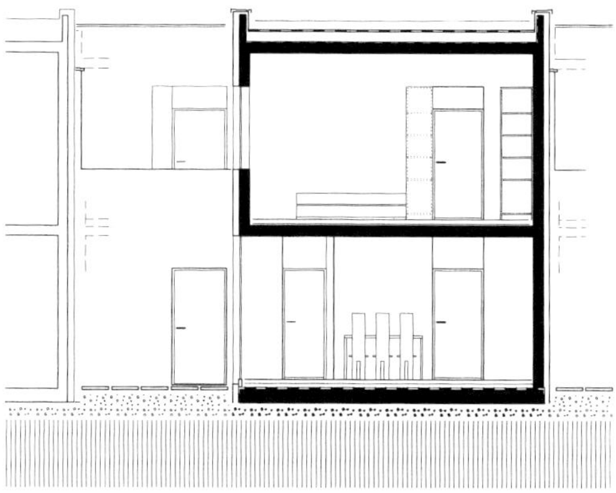

Schnitt a-a

Konstruktionsprinzip:
Haustrennwände 2x17,5 cm Betonteilfertigelemente, Fassaden 17,5 cm Bims, 14-cm-Wärmedämmverbundsystem mit mineralischem Putz
Wohnfläche: ca. 155 €/m²
Baukosten: ca. 950 €/m²
Fertigstellung: 2003

Fotografien:
Johannes Kottjé, AIBAU, Aachen

Durch gartenseitige Fassadenrücksprünge entstanden intime Innenhöfe

Die Breite der Grundstücke fiel für Reihenhäuser ungewöhnlich großzügig aus

Wohnsiedlung in Eichenau

Gasteiger Architekten, München

Trotz der Zielsetzung, möglichst kostengünstig zu bauen, legten Architekt Peter Gasteiger und die Münchener Concept Bau als Bauträger Wert auf städtebauliche und architektonische Qualität. Im Außenbereich der fußläufig erschlossenen Anlage zeigt sich dies beispielsweise an der einheitlichen Gestaltung der Gärten, die vor Verkauf der Häuser mit je einem Apfelbaum bepflanzt und mit Wein-berankten Zäunen ausgestattet wurden. Den Hauseingängen vorgelagert wurden kleine, hölzerne Fahrradschuppen. Somit wurde ein einheitlicher Rahmen geschaffen, der bei verdichteter Bauweise individuelle weitere Gestaltung durch die Käufer ermöglicht und dennoch ein »optisches Zerfallen« verhindert.
Nach Betreten eines der 8 Doppel- oder 28 Reihenhäuser fällt der großzügige Raumeindruck auf – trotz Wohnflächen zwischen lediglich 93 und 130 m^2. Dies wird durch die für den Bautyp ungewöhnliche Parzellierung des Baugrundes sowie die Proportionierung der Häuser erreicht. Anstatt des sonst üblichen schmalen und tiefen Zuschnitts der Grundstücke mit entsprechender Längsrichtung der Gebäude wurden sie hier quer nebeneinander angeordnet. Aufgrund der somit guten Belichtung der Räume und der optischen Einbeziehung des Gartens ins Innere macht sich die relativ geringe Raumtiefe, kombiniert mit großzügiger Raumbreite subjektiv kaum bemerkbar. Dies gilt sowohl für den sich über die gesamte Hausbreite erstreckenden Wohn-/Essraum im Erdgeschoss als auch für die darüber angeordneten Schlafräume im Obergeschoss.

Einige Reihenendhäuser verfügen darüber hinaus über ein Staffelgeschoss mit vorgelagerter Dachterrasse.
Auch in den Gärten kommt nicht so schnell ein Gefühl der Enge auf, da der Abstand zwischen den Grundstücksgrenzen deutlich größer ist als beim typischen, schmalen Reihenhaus.
Als Ziegel-/Stahlbeton-Mischkonstruktion ausgeführt, wurden die Gebäuderiegel mit einem Wärmedämmverbundsystem versehen und weiß gestrichen. Partielle Holzverkleidungen fassen die Fensterelemente der einzelnen Häuser optisch zusammen und gliedern somit die Häuserzeilen.
Das Projekt entstand im Rahmen des Projekts »Kostengünstiger Wohnungsbau« des Landes Bayern. Die Zielsetzung des kostengünstigen Bauens wurde hier zunächst durch eine Reihe konstruktiver Maßnahmen erreicht: die Keller der überwiegend im Grundwasser stehenden Siedlung wurden als weiße Wannen unter den Hauszeilen hindurchgeführt, auf zusätzliche Abdichtungsmaßnahmen wurde verzichtet. Die Zwischendecken wurden teilvorgefertigt, Kellertreppen und Dachterrassen als Betonfertigelemente geliefert. Weitere Kosteneinsparungen wurden beim Innenausbau erzielt. Die Innenwände wurden als Gipskarton-Ständerwände errichtet, Türen und Fliesen in einfacher Qualität verbaut.
Die Dachentwässerung erfolgt über Rigolen, zu denen das Wasser von den Austrittsöffnungen der Fallrohre durch offene Rinnen quer über die Erschließungswege geleitet wird. Auch die Entscheidung für eine gemeinsame Heizanlage trug zur Kostenersparnis bei.
Vorgefunden wurden meist geringe Schwachstellen der Kategorie B, die allerdings aufgrund der Zielsetzung des kostengünstigen Bauens im Wesentlichen verständlich sind. So verschlechtert die durchlaufende weiße Wanne den Schallschutz zwischen den Häusern. Mit einem Gesamtschalldämmmaß von 62 dB liegt dieser dennoch im Bereich der üblichen Beschaffenheit. Die Einsparungen bei Türen und Fliesen lassen die Notwendigkeit relativ früher Instandsetzungsarbeiten erwarten. Allerdings entschieden sich bei der Auswahl der Fliesen ohnehin viele Bewohner dafür, gegen Aufpreis höherwertige Produkte als vorgesehen einbauen zu lassen. Am kritischsten ist die über die Gehwege führende Entwässerung zu sehen. Sie verursacht zwar aus technischer Sicht keine außerordentlichen Folgekosten, stellt jedoch insbesondere im Winter bei Vereisen der Wege ein Sicherheitsrisiko dar.
Durch die in einem benachbarten Mehrfamilienhaus untergebrachte gemeinsame Heizungsanlage können zwar bei Schäden am Leitungssystem hohe Folgekosten entstehen, zunächst bietet diese Lösung hier jedoch ein hohes Einsparpotenzial, nicht nur bei den Erstinvestitionskosten, sondern auch bei den Wartungskosten.
Neben den aufgeführten konstruktiven Punkten wurden auch architektonisch-städtebauliche Kostensenkungsmaßnahmen realisiert, wie etwa die Grundflächenersparnis durch fußläufige Erschließung mit vorgelagerten Gemeinschaftsstellplätzen.

Den Hauseingängen wurden einheitliche Fahrradschuppen vorgelagert

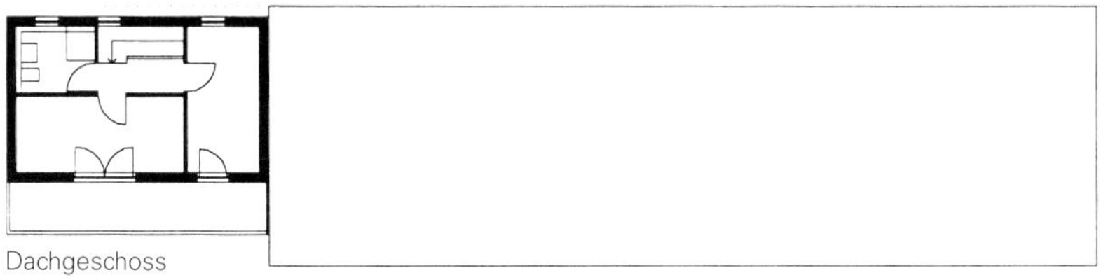
Dachgeschoss

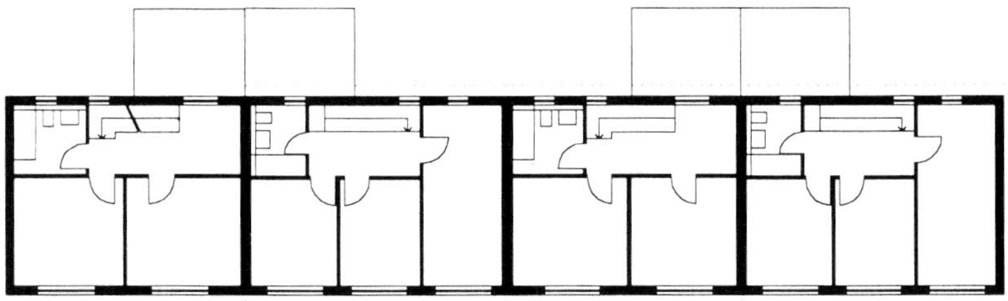
Obergeschoss

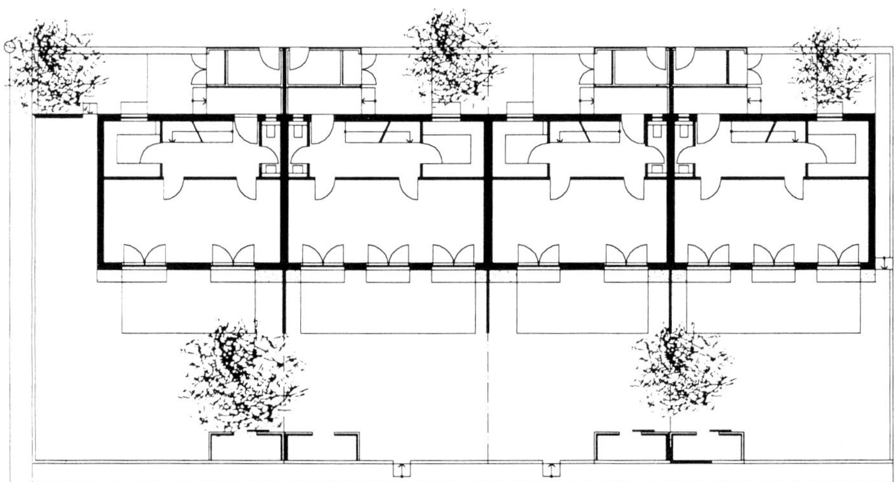
Erdgeschoss

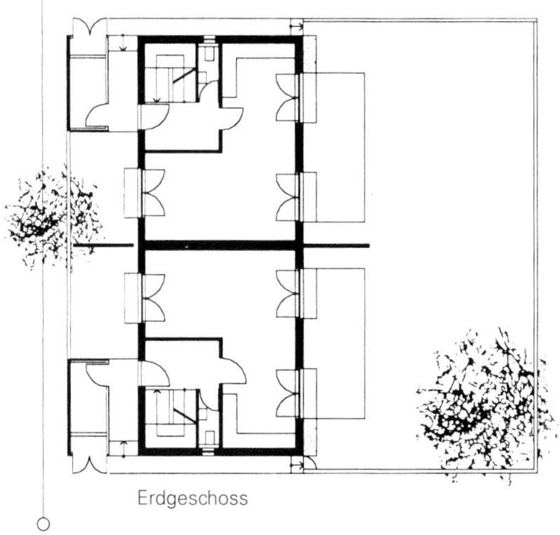
Erdgeschoss

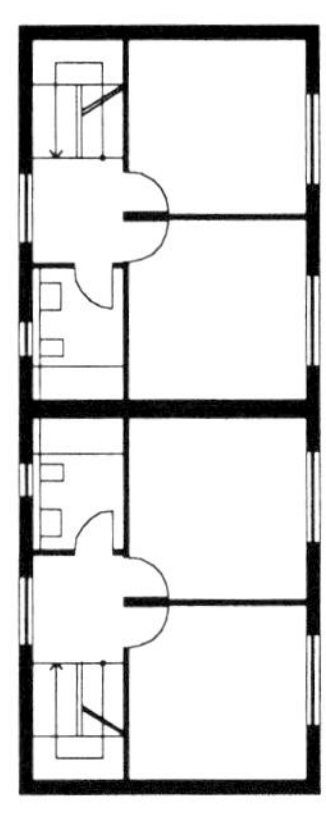
Obergeschoss

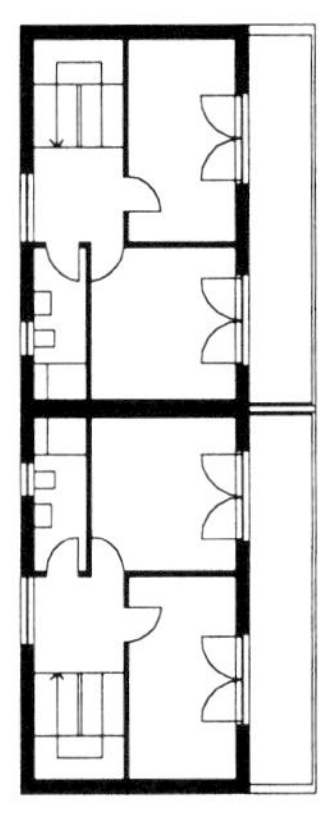
Dachgeschoss

Einige Häuser verfügen über zusätzliche Staffelgeschosse
mit vorgelagerten Dachterrassen

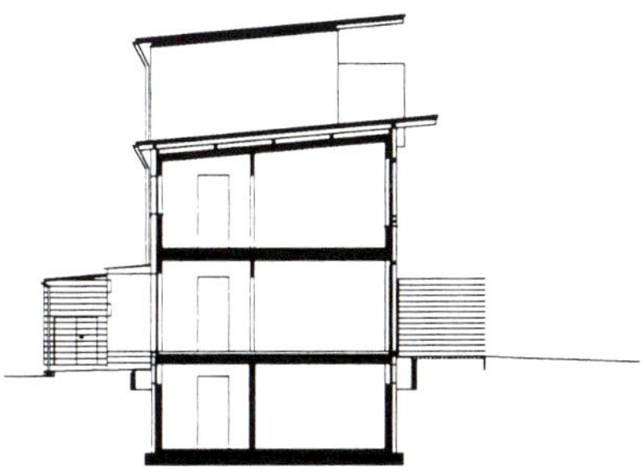

Schnitt

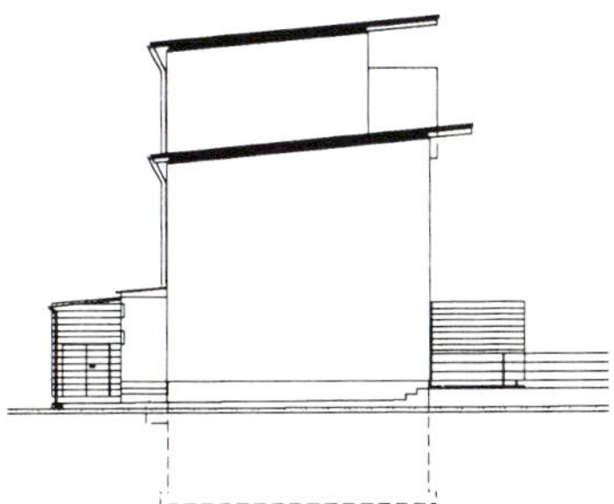

Giebelansicht

Die fußläufige Erschließung ermöglichte reduzierte Verkehrsflächen

Konstruktionsprinzip:
Ziegel-/Stahlbeton-Mischkonstruktion, Wärmedämmverbundsystem; partielle Holzverkleidungen
Wohnfläche: ca. 93–130 m²
Baukosten: ca. 950 €/m²
Fertigstellung: 2002

Fotografien:
Angelo Kaunat, Graz, München

Detailanschnitt des Türanschlusses der Dachterrasse

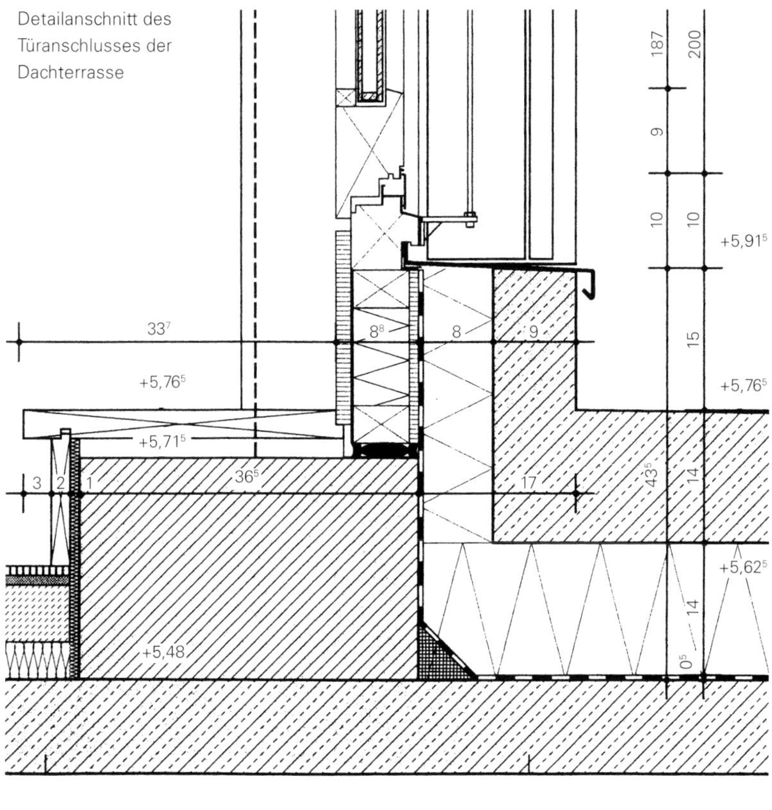

Die Reihenhauszeile entstand im Zuge der städtebaulichen Neugestaltung des Gebiets eines alten Gutshofs

Wohnen am Alten Gutshof in Hannover-Marienwerder

Raumplan 3, Kellner Schleich Wunderling, Hannover

Die dreigeschossige Reihenhauszeile mit 13 Einfamilienhäusern und 4 Eigentumswohnungen stellt das Filetstück der Neubebauung am Alten Gutshof in Marienwerder dar.
Im Rahmen eines Workshops entwickelten drei Architekturbüros das städtebauliche Konzept für das ehemalige Klostergut. Ergebnis waren drei Gebäudekomplexe: eine U-förmige Bebauung, die von zwei Gebäuderiegeln flankiert wird. Einer dieser Riegel ist die hier vorgestellte Häuserzeile der Hannoveraner Architekten Kellner Schleich Wunderling.
Erschlossen wird das Gebiet über eine Gemeinschaftsstraße, an die Sammelcarports nach Süden angrenzen, die vor den Häusern aufgestellt sind. Die Stellplatzüberdachung steht in angenehmen Abstand vor den Häusern, ein dazwischen liegender Fußweg führt zu den jeweiligen von den Eigentümern gemeinsam harmonisch gestalteten Hauseingangszonen.
Gegliedert wird die Hausreihe durch über zwei Geschosse reichende Fassadenrücksprünge, die sich auch in der Materialwahl für die äußere Bekleidung der massiven Außenwand – weiß verputztes Wärmedämmverbundsystem zwischen dunklerer Ziegelverblendschale – widerspiegeln. Oberhalb dient die blaue, wie Holz wirkende Stülpschalung aus Faserzementplatten, die die gesamte Zeile umschließt, als Kennzeichen für einen Wechsel der Außenwandkonstruktion: das zweite Obergeschoss besteht aus einem leichten Holzständerwerk, das beidseitig beplankt ist. Das zur Südseite erhöhte Pultdach ist mit Faserzementwellplatten gedeckt.
Auf der nach Süden orientierten Gartenseite der Gebäude entstanden vor dem als Staffelgeschoss ausgebildeten obersten Geschoss sonnige Dachterrassen, die durch halb terrassentiefe Trenn-

wände sowohl vor Einblicken geschützte Zonen als auch offene Bereiche aufweisen. Besonderes Merkmal der mit Wärmedämmverbundsystem versehenen und weiß verputzten Rückseite ist das haushohe Rankgerüst aus verzinkten Stahlprofilen mit Edelstahlspanndrähten, das nach einigen Jahren durch eine individuell gestaltete Bepflanzung der Fassade Leben verleiht.
Bautechnisch-konstruktiv bedingte Einsparungen wurden im Bereich des Rohbaus durch die Verwendung großformatiger Kalksandstein-Planelemente als Außen- und Haustrennwände, Holzleichtbaukonstruktionen für die Außenwände des Dachgeschosses und teilvorgefertigter Geschossdecken erzielt. Für den Ausbau wurden Gipskarton-beplankte Metallständerwände sowie Weichholzfenster (Kiefer/Fichte) gewählt. Weitere Kostenreduzierungen ergaben sich aus der Aufstellung der Heiztherme unter dem Dach anstatt im Keller und der Verlegung der Heizleitungen auf Putz, was sich im vorliegenden Fall als optisch nicht störend darstellt.
Auf Kostenminimierungen basierende, gravierende Qualitätseinbußen konnten an den besichtigten Häusern nicht festgestellt werden. Aus baukonstruktiver Sicht als Schwachstellen zu bezeichnen sind jedoch deutliche Farbablösungen an den Fensterrahmen insbesondere an den Wetterschenkeln der Türen zu den Dachterrassen. Als Anzeichen von in den Holzrahmen eindringender Feuchtigkeit sind diese nicht einfach zu beheben. Ohne Tätigwerden der Eigentümer ist hier eine deutlich reduzierte Restlebensdauer der unteren Fensterprofile zu erwarten.

Weniger schwerwiegend sind Abrisse entlang der Anschlussfugen zwischen Leichtbauinnenwand und massiver Haustrennwand. Diese stellen geringfügige optische Mängel dar und können im Rahmen des Innenanstrichs verspachtelt werden.
Besonders erwähnenswert sind die trotz der Gesamtzielsetzung »Kostengünstiges Bauen« anzutreffenden teilweise hochwertigen Ausstattungsmerkmale wie das im Wohnraum verlegte Parkett und die Innentüren mit Echtholzfurniertürblatt. Nicht selbstverständlich sind ebenfalls die aufwändige Gestaltung der Gebäuderückseite durch die bereits beim Verkauf vorhandenen Grundelemente einer Fassadenbegrünung und der durchdachten Zonierung der Dachterrassen.

Links: Auf der Eingangsseite wurden luftige Carports vorgelagert

Rechts und rechts oben: Die Straßenfassade wurde durch Rücksprünge gegliedert

Die Dachterrassen wurden teilweise als private Freibereiche, teilweise als durchgehende Zone gestaltet

Vertikalschnitt

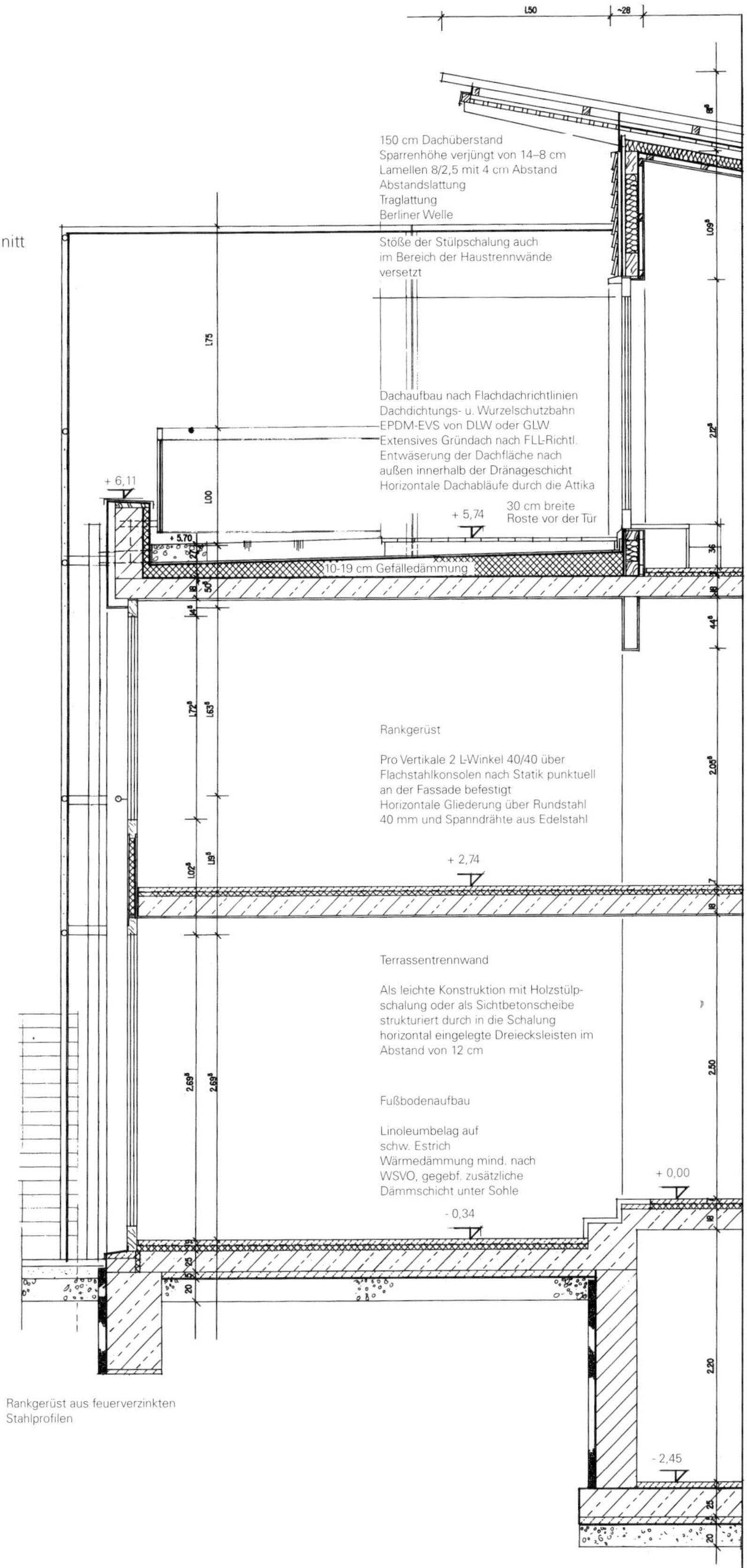

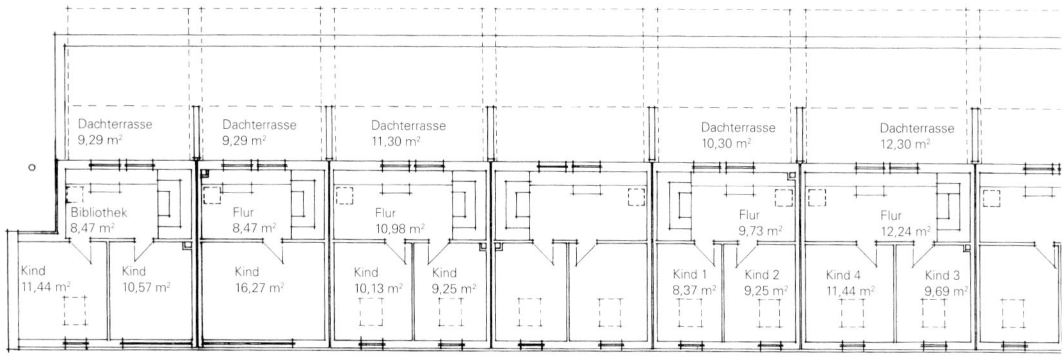

Dachgeschoss

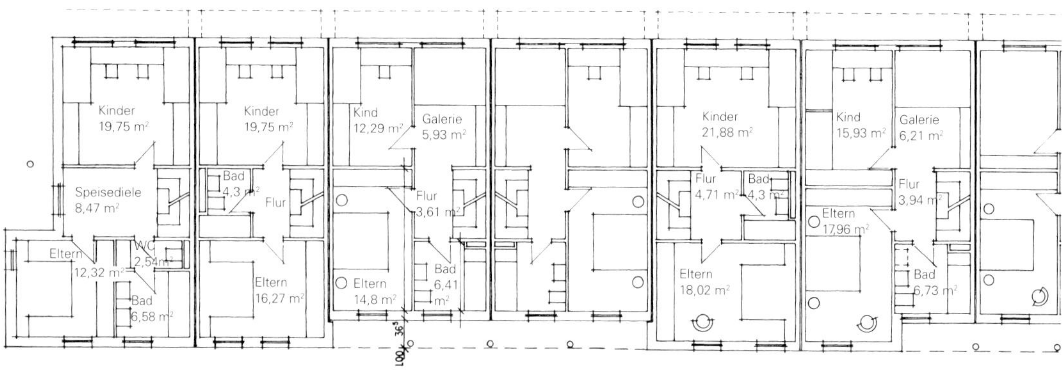

Obergeschoss

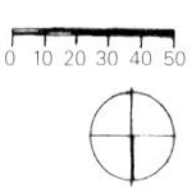

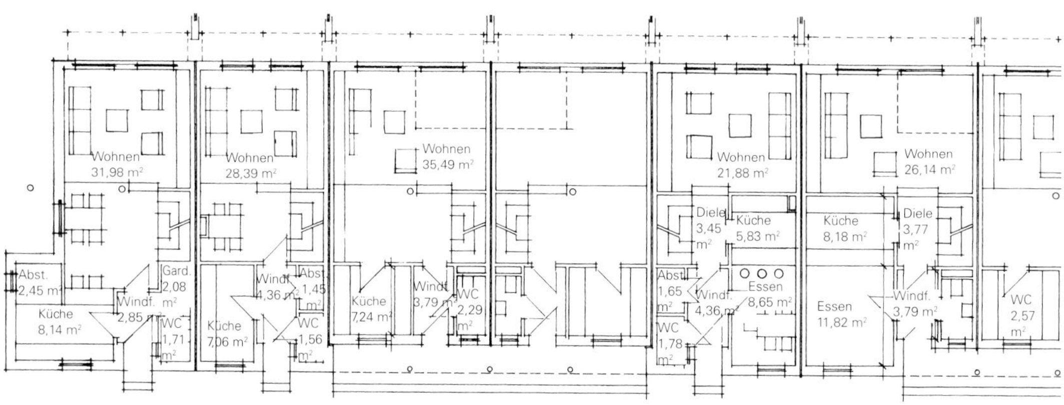

Erdgeschoss

Aufwändige Gestaltung der Gartenseite mit einem Rankgerüst aus Stahl

Konstruktionsprinzip:
Außenwände 20 cm Kalksandstein, 8 cm Mineralfaserdämmung mit 10 cm Vormauerschale bzw. 10 cm Wärmedämmverbundsystem; teilvorgefertigte Zwischendecken
Wohnfläche: ca. 155 m²
Baukosten: ca. 1075 €/m²
Fertigstellung: 1996

Fotografien: Veit S. Müller, Hamburg; Johannes Kottjé, AIBau, Aachen

Wohnen am Otto-Maigler-See in Hürth

Planungsbüro Kühn+ Meurer Danke, Aachen

Im Rahmen des Wettbewerbs »1000 preisgünstige Einfamilienhäuser« entwickelte das Aachener Planungsbüro Kühn+ Meurer Danke die Idee eines Reihenhaustyps, dessen Breite nicht – wie ansonsten üblich – auf ein Minimum reduziert ist, sondern bei dem durch eine Hausbreite von 7,75 m eine Staffelung der Reihe möglich wird. Errichtet wurden 3 zweigeschossige Gebäudereihen mit insgesamt 12 Einfamilienhäusern als Teil des neuen Wohngebiets am Otto-Maigler-See. Vor Kopf jeder Reihe wurden Sammelcarports aufgestellt. Die Bündelung der Pkw-Stellplätze ermöglicht eine Gestaltung der einzelnen Stichstraßen als Fußwege, jeweils zwischen dem Hauseingangsbereich der einen und dem Garten der nächsten Reihe angeordnet. Diese Erschließungsform ermöglicht eine optimale Orientierung der Hausgärten nach Süden hin.
Die Gliederung der Reihe erfolgt durch Fassadenrücksprünge, die eine Zonierung in öffentlichen Zuweg- und privaten Hauseingangsbereich zulässt. Sie drückt sich auch in der Fassadengestaltung durch die für die Außenwände gewählten Materialien aus: Die zurückliegenden Fassadenflächen sind in gesamter Höhe als zweischaliges Mauerwerk mit Ziegelverblendschale konzipiert. Die Vorsprünge sind geschossweise unterschiedlich gestaltet: Im Bereich des Erdgeschosses wird das zweischalige Konstruktionsprinzip übernommen, die Außenwände der oberen Geschosse sind mit einem weiß verputzten Wärmedämmverbundsystem versehen.
Das teilweise in Holzständerbauweise errichtete Dachgeschoss wurde als Staffelgeschoss ausgebildet, den oberen Gebäudeabschluss bilden zwei entlang der Firstlinie höhenversetzte Pultdächer. In Kombination mit einem auf der Hauseingangsseite erhöhten Drempel entstand im Dachgeschoss ein vollwertig nutzbarer, großzügiger Raum, der aufgrund der Gebäudeorientierung auch gut belichtet ist.
In den übrigen Geschossen sind in den Wohn- und Schlafräumen nahezu raumhohe Fenster und Türen verbaut, die über einen Rollladenkasten an die Deckenunterseite anschließen. So wird eine aufwändige Sturzkonstruktion vermieden und gleichzeitig ein beim kostengünstigen Bauen in der Regel unübliches Ausstattungsmerkmal in die Standardausführung integriert. Im Obergeschoss bestehen die Fensterbrüstungen aus Sicherheitsglas, sodass eine zusätzliche von außen befestigte Absturzsicherung entfällt.
Einsparungen in bautechnischer Hinsicht sind durch den Einsatz großformatiger Kalksandstein-Planelemente zum Vermauern der Außen- und Haustrennwände mit verspachtelten Fugen realisiert worden. Die Innenwände wurden grundsätzlich – außer im Bereich der Treppe – als nicht tragende Konstruktion aus Gipsdielen ausgeführt, die aus Schallschutzgründen auf einem Dämmstreifen aufstehen. Hierdurch wird eine große Variabilität und Flexibilität in der Grundrissgestaltung erreicht. Bei den auf diesen Seiten vorgestellten Häusern fällt durch größtmöglichen Verzicht auf Innenwände ein großzügiger Raumeindruck kombiniert mit einer geschickten Aufteilung des begrenzten Flächenangebots angenehm auf.
Der Verzicht auf eine Unterkellerung wird von den Bewohnern nicht als Nachteil empfunden, zumal stattdessen im Garten Schuppen aufgestellt wurden.
Trotz der Zielsetzung des kostengünstigen Bauens war der Ausstattungsstandard der Gebäude hoch angesiedelt. Auf die eingebauten Hohlkörperdecken wurde grundsätzlich ein schwimmender Estrich mit Trittschalldämmung aufgebracht. Den Schallschutz – hausintern und zu den je-

weiligen Nachbarn – beschreiben die Bewohner durchweg als gut.
Als nicht selbstverständlich ist ebenfalls die standardmäßig vorgesehene Badezimmerausstattung mit zwei Waschbecken und Eckwanne zu sehen, die – verbunden mit guter Raumproportionierung – zu einer Wohnwerterhöhung beiträgt.
Als geringfügige Schwachstellen können auf eine zu starke Deckendurchbiegung zurückzuführende Abrisse zwischen Geschossdecke und nichttragenden Innenwänden beziehungsweise vertikale Risse zwischen der als Treppenpfosten eingebauten Stahlstütze und den anschließenden Gipsdielen bezeichnet werden. Im Rahmen zukünftiger Renovierungsarbeiten können diese schmalen Risse ohne zusätzlichen Aufwand geschlossen werden.

Zurückliegende Hauseingänge gliedern die Eingangsfassade

Die Gartenseite mit Rücksprung des Staffelgeschosses

Materialwechsel im Bereich des Fassadenrücksprungs

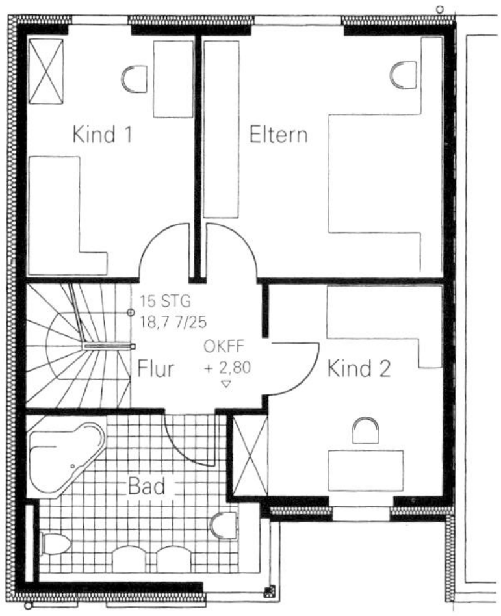

Kind 1	12,53 m²	
Kind 2	12,22 m²	
Eltern	17,75 m²	
Bad	10,13 m²	
Flur	4,94 m²	
Summe OG	57,57 m²	ohne Putzabzug

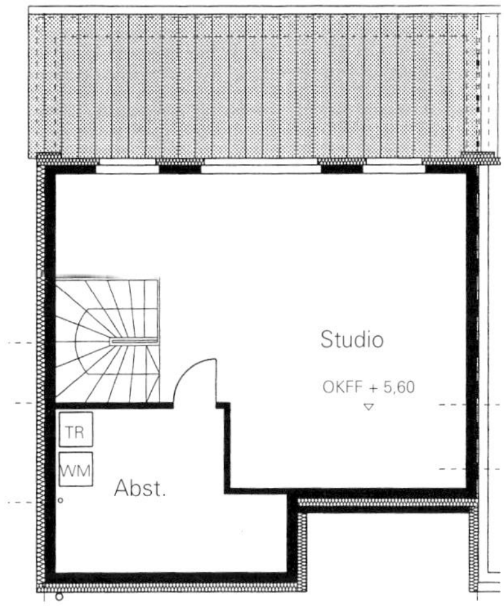

Studio	28,30 m²	
Abstellraum	5,14 m²	
Summe OG	33,44 m²	ohne Putzabzug

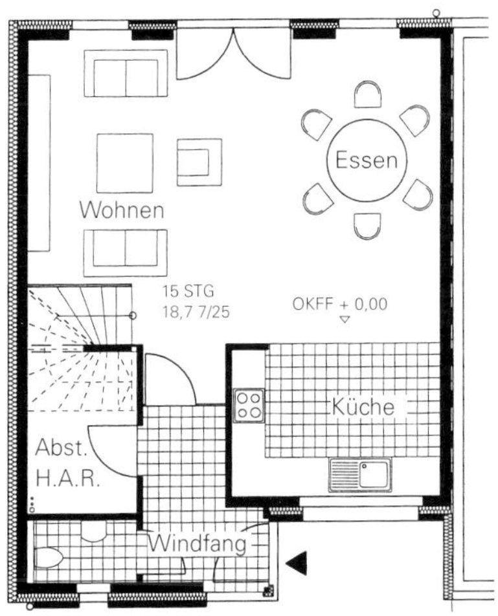

Wohnen/Essen	38,65 m²	
Küche	9,68 m²	
Abstellraum	4,16 m²	
WC	1,95 m²	
Windfang	5,39 m²	
Summe EG	59,83 m²	ohne Putzabzug

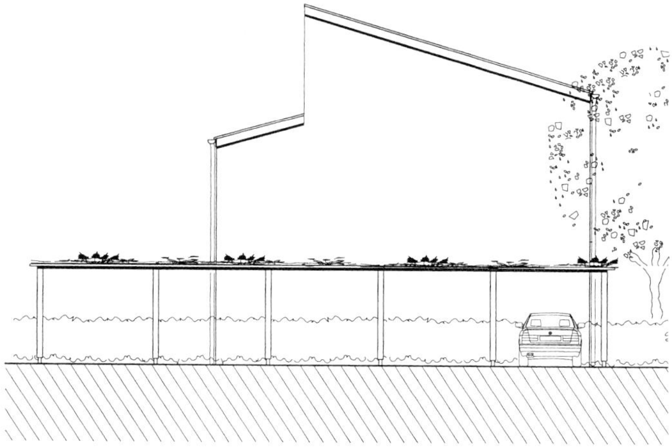

Schnitt

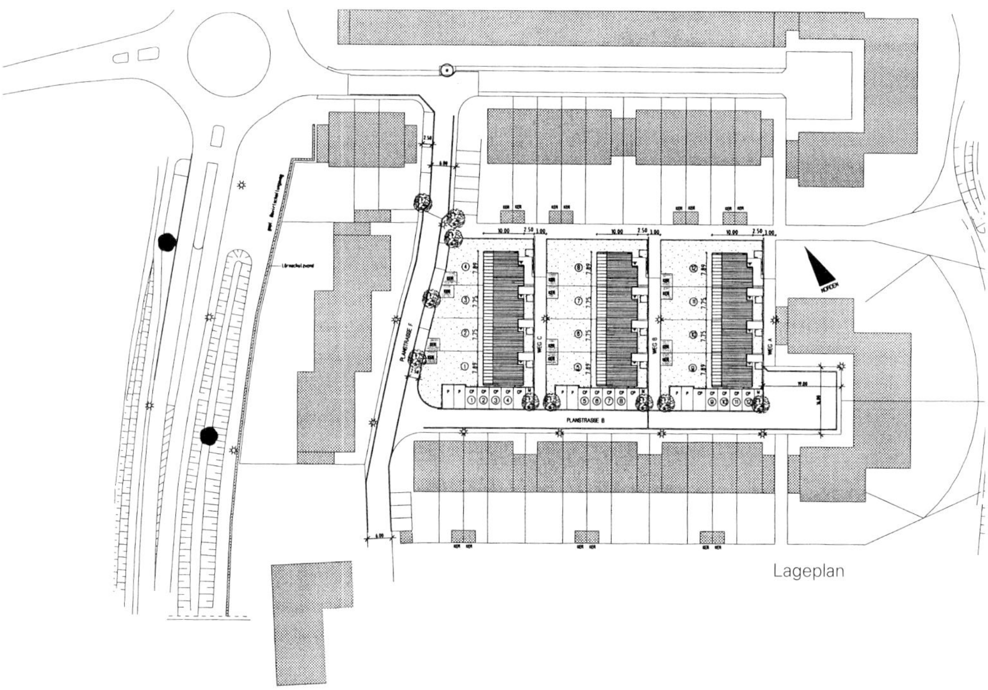

Lageplan

Rechts beide: Das Erdgeschoss wirkt hier durch weitgehenden Verzicht auf Innenwände großzügig

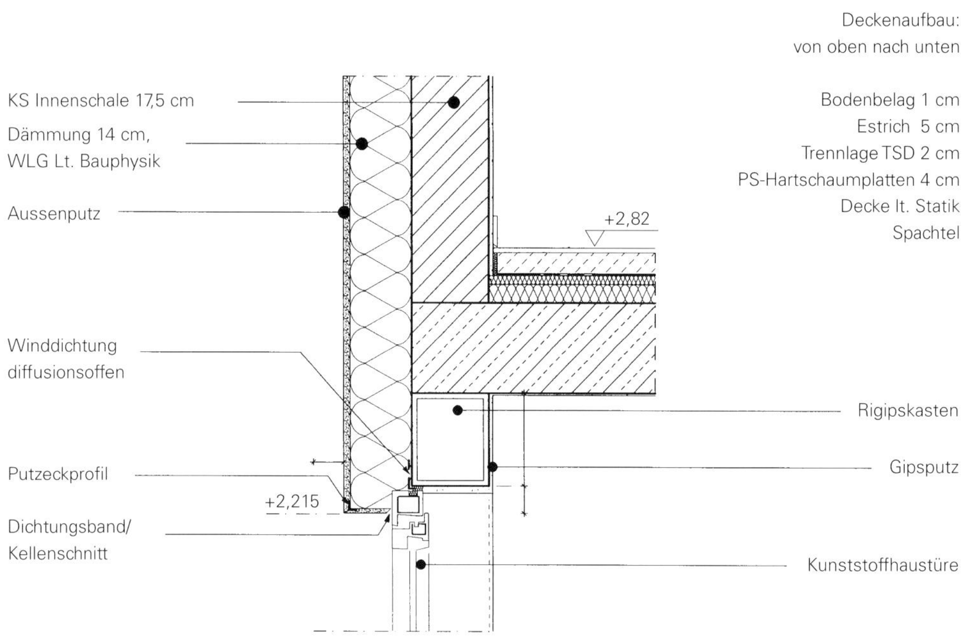
Deckenaufbau:
von oben nach unten
KS Innenschale 17,5 cm
Dämmung 14 cm,
WLG Lt. Bauphysik
Bodenbelag 1 cm
Estrich 5 cm
Trennlage TSD 2 cm
PS-Hartschaumplatten 4 cm
Decke lt. Statik
Spachtel
Aussenputz
+2,82
Winddichtung
diffusionsoffen
Rigipskasten
Putzeckprofil
Gipsputz
+2,215
Dichtungsband/
Kellenschnitt
Kunststoffhaustüre

Konstruktionsprinzip:
17,5 cm Kalksandsteinplanelemente,
11,5 cm Verblendmauerschale mit
10 cm Kerndämmung im Erdgeschoss,
14 cm Wärmedämmverbundsystem
im Obergeschoss
Wohnfläche: ca. 150 m²
Baukosten: ca. 1000 €/m²
Fertigstellung: 2003

Fotografien:
Johannes Kottjé, AIBAU, Aachen

Variation des Raumszuschnittes
mit halboffener Küche

Einfamilienhaus in Niddatal

Boch+Keller, Darmstadt

Schlichte, sympathische Wohnarchitektur ist das Markenzeichen der Darmstädter Architekten Marion Boch und Peter Keller. Ihre Entwürfe fügen sich in den Bestand ein und sind doch markant eigenständig. So auch dieses freistehende Einfamilienhaus, das sie für ein junges Ehepaar in Niddatal planten und bauten. Am Rande eines Neubaugebiets gelegen stellt es sich als langgestreckter zweigeschossiger Baukörper dar. Zu drei Seiten wurden lediglich einige prägnante, hohe, schmale Fenster eingeschnitten. Nach Südwesten hingegen öffnet sich der verputzte Satteldachbau über eine großflächige, beide Geschosse umfassende Glasfassade, die im Bereich des Bades und eines Schlafraums von holzfarbenen Brüstungselementen unterbrochen wird.
Das Zentrum des Hauses bildet der Wohn-/Essbereich mit offen anschließender Küche. Er ist über einen Luftraum im Bereich der Glasfassade mit einer Galerie verbunden, wodurch er großzügig und hell wirkt. Im Obergeschoss stehen neben der Galerie zwei Schlafräume mit eigenen Bädern zur Verfügung, im Erdgeschoss ein Büroraum, der vom Windfang aus separat zugänglich ist.
Das Haus wurde vollständig unterkellert, die Heiztherme wurde allerdings nicht hier, sondern in dem als begehbaren Kleiderschrank ausgebildeten Ankleideraum im Obergeschoss untergebracht. Ein Raum des Untergeschosses kann als Gästezimmer genutzt werden.
Auch bei diesem Projekt trug die kompakte Bauform dazu bei, die Kosten gering zu halten, ebenso wie konstruktive Sparmaßnahmen. So wurde das Untergeschoss als weiße Wanne ohne zusätzliche Abdichtung ausgeführt, musste allerdings aufgrund der Bodenverhältnisse besonders aufwändig gegründet werden, was einer weiteren Senkung der Baukosten entgegenstand. Diesem Ziel wurde dann bei den oberen Geschossen

Zur Gartenseite öffnet sich das Haus über eine großflächige Glasfassade

mit Außenwänden aus Hochlochziegelmauerwerk mit Leichtputz ohne weitere Dämmung wieder entsprochen.
Die Zwischendecken wurden aus vorgefertigten Spannbeton-Hohlkörperelementen zusammengesetzt, wobei die Kellerdecke aufgrund der Hausbreite von 6 m von Außenwand zu Außenwand gelegt werden konnte. Die Erdgeschossdecke musste aufgrund des Luftraums in zwei längs orientierte Hälften unterteilt werden. Dazwischen wurde als Holzbalkenkonstruktion die Galerie gespannt.
Beim weiteren Ausbau fanden Gipskarton-Ständerwände mit gespachtelter Oberfläche Verwendung, als Bodenbelag größtenteils Laminat. Viele Arbeiten wurden von den Bauherren in Eigenleistung ausgeführt, etwa das Verlegen von Bodenbelägen und Fliesen oder das Oberflächenfinish von Wänden und Deckenseiten, das das Schließen der Wand-Decken-Anschlüsse mit

Unten: Durch eine großformatige Schiebetüre sind Außen- und Innenraum miteinander verbunden

Unten rechts: Rückseitig gibt sich das Haus geschlossen

Acryl beinhaltete. Hierdurch wurden die für diesen Bereich typischen Risse weitgehend vermieden, allerdings setzt sich das Acryl bereits nach einem Jahr Gebäudestandzeit dezent farblich ab. Als Innentreppen wurden Stahlkonstruktionen mit Massivholzstufen gewählt.
Ein kostenintensives Element stellt die charakteristische Glasfassade dar, die allerdings erheblich zum hohen Wohnwert des Hauses beiträgt. Sie wurde ebenso wie die übrigen Fenster in Meranti-

Holz erstellt, das sich durch seine Dauerhaftigkeit bezahlt machen dürfte. Zur Verschattung der Fassade wurden außenliegende Jalousien montiert, die im aufgefahrenen Zustand von einer in die Putzfassade integrierten Blende verdeckt werden – ein architektonisch und konstruktiv durchdachtes Detail, dessen Herstellung sogar kostengünstiger ausfiel als übliche Vorsatzkästen.
Schäden konnten an dem sorgfältig durchgeplanten Gebäude nicht festgestellt werden.

Als wenig langlebig könnten sich allerdings die offenen Kanten der Kunststoffbeschichtung der Innentüren erweisen. Von den Bauherren wurde lediglich die Wahl des wenig kratzfesten und feuchteempfindlichen Laminatbodens bereut. Die Anordnung der Heiztherme in der Ankleide sparte hier Fläche, setzt allerdings bewusstes Verhalten der Bewohner voraus, die hohe Luftfeuchte in diesem Raum vermeiden sollten.

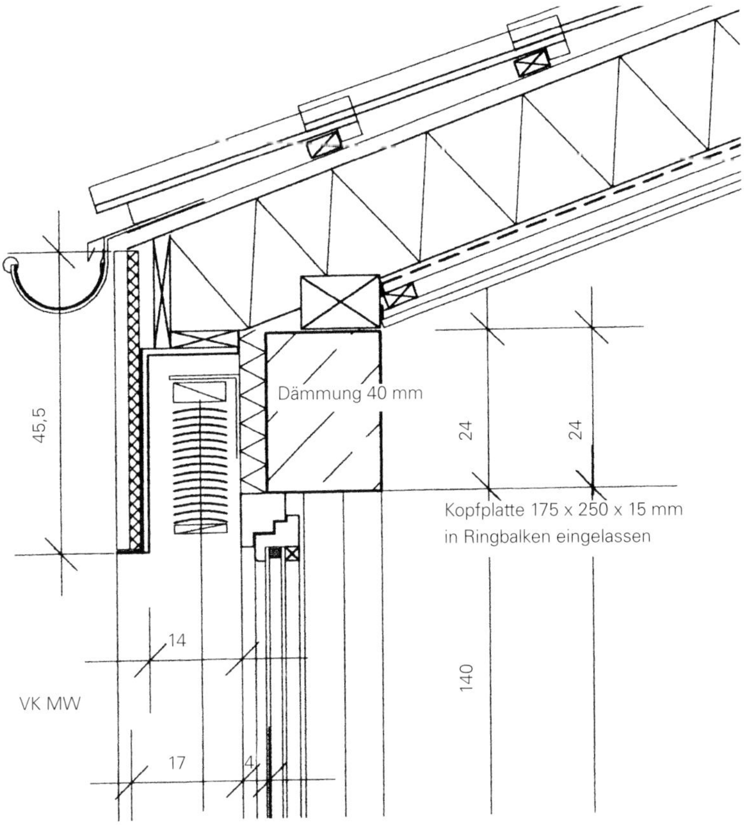

Sonnenschutz
Pos. 18.1.1+2
Höhe 140 cm
zzgl. Paket

10 x Flachstahl 10/60 mm
Abstand ca. 70 cm, unter
baus. Holzbohle schrauben

Durchlaufendes Blech D = 3 mm
Wedigplatte D = 20 mm
Putz D = 20 mm

Links oben: Die Galerie führt als Steg durch den Wohnraum

Links: Sämtliche Bereiche des Erdgeschosses gehen offen ineinander über, über einen Luftraum ist das Obergeschoss angebunden

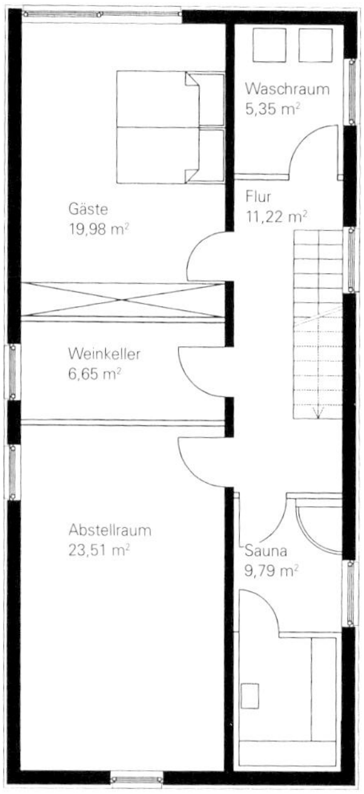

KG

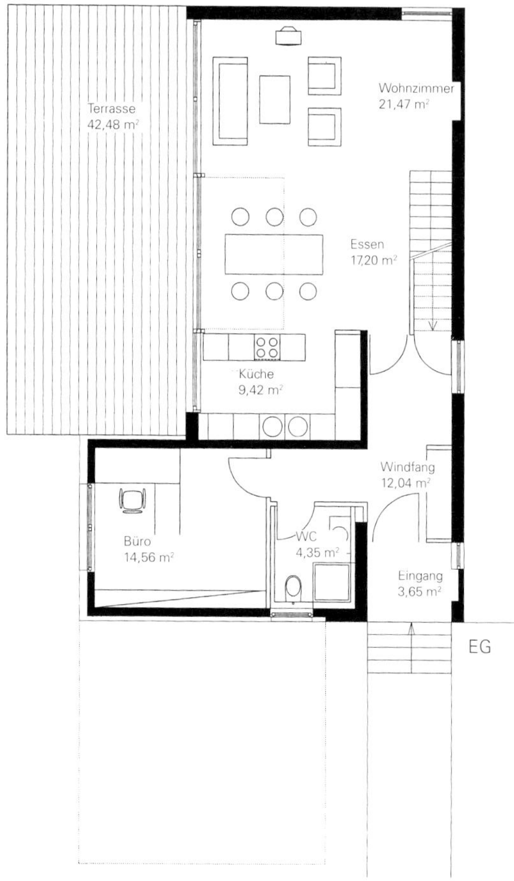

EG

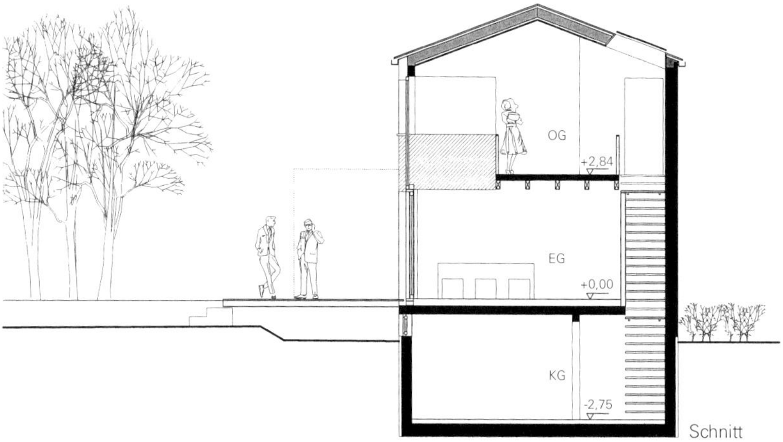

Schnitt

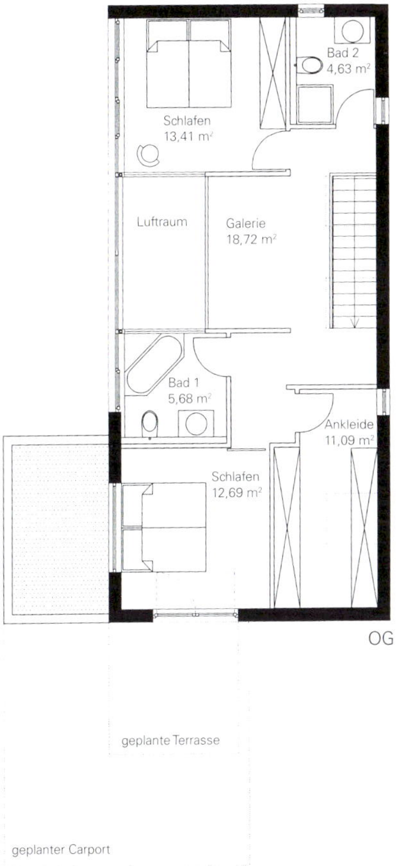

Vom Wohnraum führt eine einläufige Treppe ins Obergeschoss

Konstruktionsprinzip:
30 cm Hochlochziegelmauerwerk, verputzt; Spannbeton-Hohlkörperdecken; Innenwände Gipskarton-Ständerwände
Wohnfläche: ca. 150 m²
Baukosten: ca. 1100 €/m²
Fertigstellung: 2003

Fotografien:
Thomas Eicken, Darmstadt;
Johannes Kottjé, AIBau, Aachen (1)

ANHANG

Glossar

Bautaktverfahren
Genau geplante Bauabläufe verhindern gegenseitige Beeinträchtigungen der Handwerker bei der Ausführung unterschiedlicher Gewerke ebenso wie unwirtschaftliche Leerzeiten des Baustellenpersonals durch eventuell zu spät gelieferte Baustoffe. Auch unnötiges Lagern der zu verbauenden Materialien wird durch eine just-in-time Lieferung vermieden.

Bewertetes Schalldämmmaß R'_w
Der unter Berücksichtigung einer festgelegten Bezugskurve (idealisierte Schalldämmkurve) bei einer Frequenz von 500 Hz ablesbare Wert ist Kennzeichen für die mögliche Luftschalldämmung eines Bauteils. Die in DIN 4109 »Schallschutz im Hochbau« angegebenen Werte stellen die Mindestanforderungen an den Schallschutz von Innenbauteilen und Haustrennwänden (bauordnungsrechtlich untere Grenze), jedoch nicht den in Deutschland üblichen Schallschutz dar. Empfehlungen für einen erhöhten Schallschutz sind dem Beiblatt 2 der Norm zu entnehmen und lassen einen je nach Bauteil mittleren bis guten Schallschutz erwarten. Ein den Regeln der Technik entsprechender Schallschutz bedeutet ein Schallschutz mittlerer Art und Güte, der meist dem erhöhten Schallschutz nach DIN 4109 entspricht. Je größer die durch eine Konstruktion erreichten Werte, desto größer ist – bezogen auf die Luftschalldämmung – auch die Schalldämmfähigkeit des Bauteils.

Bewerteter Norm-Trittschallpegel L'_w
Die Mindestanforderungen an den Trittschallschutz von Decken sind ebenfalls in DIN 4109 beschrieben. Auch hier gilt, dass bei Einhaltung der genannten Werte keine gute Schalldämmung erreicht wird, sondern erst gegenüber der Norm deutlich verschärfte Anforderungen als Stand der Technik gelten. Im Unterschied zur oben beschriebenen Luftschalldämmung zum Beispiel bei Wandbauteilen wird bei Decken der Schall im

Wesentlichen durch das unmittelbare Begehen als Körperschall übertragen.
Grundsätzlich gilt: Je kleiner der ermittelte Wert, desto größer ist der Trittschallschutz einer Decke.

Dampfdiffusionswiderstand S_d-Wert (diffusionsäquivalente Luftschichtdicke)
Wasserdampf wird immer dann durch Bauteile transportiert, wenn auf der einen Seite eine höhere Konzentration von in der Luft gelösten Wassermolekülen vorhanden ist als auf der anderen Seite. Durch das Bestreben, diese unterschiedliche Konzentration auszugleichen, »wandern« die Moleküle durch das Bauteil hindurch. Dieser Vorgang wird als Wasserdampfdiffusion bezeichnet.
Kennzeichen für die Dichtigkeit eines Baustoffs gegenüber Wasserdampf ist der Dampfdiffusionswiderstand, der sich aus dem materialspezifischen Diffusionswiderstandsfaktor μ (Vergleich einer 1 m dicken Luftschicht mit einer 1 m dicken Materialschicht) und der Schichtdicke des eingebauten Baustoffs zusammensetzt. Je größer der S_d-Wert, desto diffusionsdichter ist das Bauteil.

Deckendurchbiegung
wird beeinflusst von der Deckenspannweite und der statisch wirksamen Deckendicke (Deckenschlankheit). Grenzwerte für eine maximal zulässige Deckenschlankheit sind der Stahlbetonnorm DIN 1045 zu entnehmen. Auf die Einhaltung dieser Werte ist zur Rissvermeidung in nicht tragenden Innenwänden zu achten.

DIN-Normen
»Normung ist die planmäßige, durch interessierte Kreise gemeinschaftlich durchgeführte Vereinheitlichung von materiellen und immateriellen Gegenständen zum Nutzen der Allgemeinheit. Sie fördert die Rationalisierung und Qualitätssicherung in Wirtschaft, Technik, Wissenschaft und Verwaltung. Sie dient der Sicherheit von Menschen ...« (DIN 820 Bl. 1 – Normungsarbeit)
Normen sind Festlegungen des Deutschen Instituts für Normung (DIN), die vermuten lassen, wissenschaftlich richtig, unter gut vorgebildeten Technikern allgemein bekannt und durch fortwährende praktische Anwendung bewährt und somit anerkannte Regel der Bautechnik zu sein. Die Aussage, ein Bauteil sei nach DIN ausgeführt, muss nicht bedeuten, dass es den allgemein anerkannten Regeln der Bautechnik (a.a.R.d.B.) entspricht, sondern lässt dies lediglich vermuten. Beispielsweise gilt dies insbesondere für den Bereich des Schallschutzes. Hier sind die a.a.R.d.B. nicht in der Norm selbst, sondern im Beiblatt 2 oder der VDI-Richtlinie 4100 aufgeführt.

EnEV
»Verordnung über energiesparenden Wärmeschutz und energiesparende Anlagentechnik bei Gebäuden« – Energieeinsparverordnung – in Kraft seit dem 01.02.2002.
Grundlage der Verordnung ist das Energieeinsparungsgesetz vom 22. Juli 1976. Es ermächtigt die Bundesregierung »durch Rechtsverordnung mit Zustimmung des Bundesrates Anforderungen an den Wärmeschutz von Gebäuden und ihren Bauteilen festzusetzen«.
Über die Aufgaben des Mindestwärmeschutzes (der Schaffung behaglicher Raumklimata durch Vermeidung von Oberflächentauwasser und Schimmelpilzbildung, sowie der Verringerung von Wärmeverlusten) hinaus, fordert die sog. Wärmeschutzverordnung, die in mehreren Schritten überarbeitet wurde, die Einhaltung eines energiesparenden Wärmeschutzes. Seit Einführung der Energieeinsparverordnung sind nicht nur bauliche Komponenten in einer Verlust-/Gewinnrechnung gegenüberzustellen, sondern auch der Wärmebedarf zur Warmwasserbereitung, die Effizienz der Heizanlage und andere Faktoren zu berücksichtigen. Dieses Regelwerk ist ein zentrales Element der Energie- und Klimaschutzpolitik der Bundesregierung.

Feuerschutzklassen
Die Feuerschutzklassen geben die geforderte Feuerwiderstandsdauer eines Bauteils an. F30 bedeutet demnach, dass das Bauteil 30 Minuten

einem Feuer Widerstand leisten muss. Es wird damit als feuerhemmend eingestuft.

Hinzunehmende Unregelmäßigkeit
Entspricht eine Werkleistung nicht vertraglich festgelegten Grenzwerten oder den in den allgemein anerkannten Regeln der Technik definierten Grenzwerten, kann ein kritisierter Sachverhalt trotzdem noch im Rahmen des vertraglich zu Erwartenden bzw. des allgemein Üblichen liegen. Bei welchen Grenzfällen man von einer »noch gerade akzeptablen« Werkleistung sprechen kann, hängt dabei von den Rahmenbedingungen des Einzelfalls ab. Kommt man zu einem solchen Beurteilungsergebnis, so liegt kein Mangel vor; die Unregelmäßigkeiten müssen hingenommen werden.

Luftdichtheit
Die Energieeinsparverordnung fordert eine dem Stand der Technik entsprechend dauerhaft luftundurchlässige wärmeübertragende Umfassungsfläche eines Gebäudes. Luftdicht bedeutet, dass bei einer künstlich erzeugten Druckdifferenz zwischen Innen und Außen von 50 Pa bei Gebäuden ohne raumlufttechnische Anlagen ein Grenzwert von $n_{50} = 3{,}0\ h^{-1}$ erreicht wird. Die Einhaltung dieses Wertes nach DIN 4108-7 verbunden mit der Planung und Ausführung luftdichter Details, die ebenfalls in der o.g. Norm dargestellt werden, spart durch die Vermeidung von Lüftungswärmeverlusten bestenfalls mehr als 10 % des Wärmebedarfs.

Mineralische Baustoffe
Zu mineralischen Baustoffen zählen Beton, Mauerwerk, Putz, Gipskartonplatten und Estrich. Die Verwendung massiver Baustoffe impliziert eine lange Lebensdauer von Gebäuden, unterliegt dennoch natürlichen Alterungs- und Verwitterungsprozessen, die von der jeweiligen Baustoffeigenschaft und den einwirkenden Beanspruchungen abhängen.

Reine Baukosten
Als reine Baukosten werden die Kostengruppen 300 und 400 nach DIN 276 »Kosten im Hochbau« verstanden, die die Bauwerkskosten für Baukonstruktion und Technischen Ausbau beinhalten.

Anmerkung zu KG 300: Kosten von Bauleistungen und Lieferungen zur Herstellung des Bauwerks (z.B.: Baugrube, Gründung, Außenwände, Innen-wände, Decken, Dächer), jedoch ohne die Technischen Anlagen (s.u.). Dazu gehören auch die mit dem Bauwerk fest verbundenen Einbauten, die der besonderen Zweckbestimmung dienen, sowie übergreifende Maßnahmen in Zusammenhang mit den Baukonstruktionen.
Anmerkung zu KG 400: Kosten aller im Bauwerk eingebauten, daran angeschlossenen oder fest damit verbundenen technischen Anlagen oder Anlagenteile. Die einzelnen technischen Anlagen enthalten die zugehörigen Gestelle, Befestigungen, Armaturen, Wärmedämmung, Schall- und Brandschutzvorkehrungen, Abdeckungen, Verkleidungen, Anstriche, Kennzeichnungen sowie Mess-, Steuer- und Regelanlagen

Schwimmender Estrich
Untergrund für Bodenbeläge, der auf Trittschalldämmung und Trennfolie auf Ortbeton- oder Fertigteildecken eingebaut wird.

Schwinden
Durch Austrocknung bedingte, lastunabhängige und unvermeidbare Bauteilverformung, die zu Beginn der Gebäudestandzeit auftritt.

Verbundestrich
Ohne Trennfolie und Trittschalldämmung unmittelbar auf die Betondecke aufgebrachter Estrich (im Gegensatz zum schwimmenden Estrich)

Wärmebrücke
Als Wärmebrücke werden Teilbereiche eines Bauteils bezeichnet, die im Vergleich zur überwiegenden Hauptfläche einen erhöhten Wärmedurchgang aufweisen.

Wärmedurchgangskoeffizient
U-Wert (veraltet: k-Wert) (in W/(m²K)):
Dieser Wert gibt die Wärmemenge an, die durch 1 m² eines Bauteils pro Kelvin Temperaturunterschied zwischen innen und außen hindurchfließt und ist somit ein Maßstab für die Effektivität der Wärmedämmung. Je kleiner der U-Wert, umso besser ist die Dämmung eines Bauteils.

Wärmedurchlasswiderstand
R-Wert (veraltet 1/Λ) (in (mK)/W):
Kennzeichnet die Wärmedämmfähigkeit eines Bauteils. In DIN 4108: »Wärmeschutz im Hochbau« wird der einzuhaltende Mindestwärmeschutz in Mindestwerten für die Dämmfähigkeit ausgedrückt.

WLG – Wärmeleitfähigkeitsgruppe
Die Dämmstoffe sind entsprechend ihrer Wärmeleitfähigkeit (W/(m²K)) in Gruppen eingeteilt. Die Einteilung reicht von WLG 020 bis 040. Je niedriger der Wert, umso besser ist die Dämmfähigkeit des Stoffs. Zum Beispiel: Ein Dämmstoff mit einer Wärmeleitfähigkeit von 0,040 W/(m²K) gehört zur WLG 040.

Literaturverzeichnis

Abel, R.; Oswald, K.: Kostengünstiges Bauen durch die Anwendung ausländischer Bauweisen, Forschungsbericht im Auftrag des Bundesministeriums für Raumordnung, Bauwesen und Städtebau, Stuttgart 1998

Bundesministerium für Raumordnung, Bauwesen und Städtebau (Hrsg.): Mehr Wohnungen für weniger Geld – Bericht der Kommission zur Kostensenkung und Verringerung von Vorschriften im Wohnungsbau, Bonn 1994

Bürgerliches Gesetzbuch (BGB), 52. Auflage, 2002

Danke: Preiswerter Wohnungsbau in Nordrhein-Westfalen, LB Aachen, 1998 –
Heft 1: Querschnittsauswertungen;
Heft 2: Projektdokumentationen

DIN 1053-1: 1996-11: Mauerwerk, Teil 1: Berechnung und Ausführung

DIN 4108-7: 2001-08: Wärmeschutz und Energie-Einsparung in Gebäuden, Teil 7: Luftdichtheit von Gebäuden, Anforderungen, Planungs- und Ausführungsempfehlungen sowie -beispiele

DIN 4109: 1989-11: Schallschutz im Hochbau

DIN 4109: 1989-11: Schallschutz im Hochbau, Beiblatt 2

DIN V 4701-10: 2003-08: Energetische Bewertung heiz- und raumlufttechnischer Anlagen,
Teil 10: Heizung, Trinkwassererwärmung, Lüftung

DIN 18065: 2000-01: Gebäudetreppen – Definitionen, Messregeln, Hauptmaße

DIN 18195: 2000-08: Bauwerksabdichtungen;
Teil 1: Grundsätze, Definitionen, Zuordnung der Abdichtungsarten

Teil 4: Abdichtungen gegen Bodenfeuchte (Kapillarwasser, Haftwasser) und nichtstauendes Sickerwasser an Bodenplatten und Wänden, Bemessung und Ausführung

Teil 6: Abdichtungen gegen von außen drückendes Wasser und aufstauendes Sickerwasser, Bemessung und Ausführung

DIN 18334: 1988-09: Zimmer- und Holzarbeiten

Fox-Kämper u.a.: Zukunftsweisender Wohnungsbau in NRW, Ministerium für Bauen und Wohnen des Landes NRW, Düsseldorf 1996

Frech: Beurteilungskriterien für Rissbildungen bei Bauholz im konstruktiven Holzbau, In: Holzbau-Statik-Atkuell, Informationsdienst Holz, Folge 10, März 1988

Holländer u.a.: Kostengünstig ökologisch planen und bauen, Ministerium für Bauen und Wohnen des Landes NRW, Düsseldorf 1997

IEMB-Institut für Erhaltung und Modernisierung von Bauwerken: Initiative Kostengünstig qualitätsbewusst Bauen, Info-Blatt Nr. 6.1, Oktober 2001

Institut für Bauforschung Hannover: Kosteneinsparung im Wohnungsbau durch die Auswahl preiswerter Baukonstruktionen und Bauteile, Forschungsbericht F 678, 1986

Kottjé, J.: Reihenhäuser, Doppelhäuser – Mit Architekten kostengünstig und hochwertig bauen München, 2004

Kotulla: Kostenreduzierung im Wohnungsbau auf der Grundlage niederländischer Erfahrungen, Renningen-Malmsheim 1999

LB Aachen (Hrsg.): Kostengünstig ökologisch planen, Aachen 1997

LBB Aachen (Hrsg.): Landeswettbewerb 1994, Innovative Lösungen zum kostengünstigen Wohnungsbau, Ministerium für Bauen und Wohnen des Landes Nordrhein-Westfalen, 1995

Lindner u.a.: Systembauweise im Wohnungsbau, Bundesverband der Deutschen Zementindustrie e.V., Köln 2001

Meurer: Kostengünstiger Wohnungsbau in den Niederlanden, 1995

Möller: Planungs- und Bauökonomie, München 1993

Oswald, R.: Schwachstellen – Beurteilungsprobleme beim kostengünstigen Bauen, in: db – deutsche bauzeitung 11/97

Oswald, R.: Streitpunkte bei der Abdichtung erdberührter Bodenplatten, in: Aachener Bausachverständigentage 2002 – Decken und Wände aus Beton; Baupraktische Probleme und Bewertungsfragen, Braunschweig 2002

Oswald, R.; Abel, R.: Hinzunehmende Unregelmäßigkeiten bei Gebäuden, 2. Auflage, Wiesbaden und Berlin 2000

Oswald, R.; Abel, R.; Paland, S.: Gebrauchsanweisungen für Wohnungen und Einfamilienhäuser – Exemplarische Beispiele, Forschungsbericht im Auftrag des Bundesministeriums für Raumordnung, Bauwesen und Städtebau, Stuttgart 2001

Oswald, R.; Abel, R.; Schnapauff, V.; Jagenburg, W.: Bauschadensfibel für den privaten Bauherrn und Hauskäufer, Bauforschung für die Praxis Band 62, Stuttgart 1999

Oswald, R.; Kottjé, J.; Sous, S.: Schwachstellen beim kostengünstigen Bauen, Bauforschung für die Praxis Band 65, Stuttgart 2004

Pohlenz, R.: Der schadenfreie Hochbau, Band 3, 2. Auflage, Köln 1995

Pohlenz, R.: Schallbrücken – Auswirkungen auf den Schallschutz von Decken, Treppen und Haustrennwänden, In: Aachener Bausachverständigentage 2003, Braunschweig 2003

Post/Welters: Wohnqualität – kostenoptimiert, Köln 1998

Schmitz u.a.: Kostengünstiges Bauen in Beispielen, Köln 1984

Schnapauff, V.; Richter-Engel, S.: Gebrauchsanweisung für Häuser – Gliederungsvorschläge und Textbausteine, Bauforschung für die Praxis 40, Stuttgart 1997

Stamm-Teske u.a.: Preiswerter Wohnungsbau in den Niederlanden 1993–1998, Düsseldorf 1998

Stamm-Teske: Preiswerter Wohnungsbau 1990–1996, Düsseldorf 1996

Verordnung über energiesparenden Wärmeschutz und energiesparende Anlagentechnik bei Gebäuden (Energieeinsparverordnung – EnEV), Ausgabe November 2001, in Kraft getreten am 1. Februar 2002

Bildnachweis

Soweit nicht anders angegeben: AIBau

Zu den Autoren

Prof. Dr.-Ing. Rainer Oswald ist als Architekt und Bausachverständiger seit drei Jahrzehnten auf dem Gebiet der Bauschadensforschung, Sanierungsplanung, der bauphysikalischen Neubauberatung sowie der Begutachtung von Schadensfällen und Mä ngelstreitigkeiten tätig. Er ist Geschäftsführer des Aachener Instituts für Bauschadensforschung und angewandte Bauphysik (AIBAU) und Honorarprofessor für Bauschadensfragen an der RWTH Aachen. Rainer Oswald ist bekannt als Verfasser zahlreicher Buch- und Zeitschriftenveröffentlichungen, durch Seminarvorträge und als Veranstalter der Aachener Bausachverständigentage. In der DVA ist sein Buch »Mängel, Schäden, Streitigkeiten« lieferbar.

Dipl.-Ing. Johannes Kottjé studierte Architektur in Aachen. Er ist Mitarbeiter von Prof. Oswald sowie des Aachener Instituts für Bauschadensforschung und angewandte Bauphysik (AIBAU). Mitarbeit an Gutachten und Forschungsberichten. Freiberufliche publizistische Tätigkeit in den Bereichen Architektur und Bautechnik. In der DVA erschienen bisher seine Bücher »Wohnhäuser aus Stahl«, »Reihenhäuser – Doppelhäuser« sowie »PUR! – Die neue Schlichtheit anspruchsvoller Wohnhäuser«.

Dipl.-Ing. Silke Sous, Architektin, seit 1997 Mitarbeiterin von Prof. Oswald und dem Aachener Institut für Bauschadensforschung und angewandte Bauphysik (AIBAU); Tätigkeitsschwerpunkte: baukonstruktive und bauphysikalische Beratung, Planung von Bauleistungen im Bestand, Erarbeitung von Forschungsberichten zur Vermeidung von Bauschäden.

Impressum

Bibliografische Information Der Deutschen Bibliothek
Die Deutsche Bibliothek verzeichnet diese Publikation in der Deutschen Nationalbibliografie; detaillierte bibliografische Daten sind im Internet über http://dnb.ddb.de abrufbar.

Grafische Gestaltung: Susanne Ebersberger
Lithographie: Fotolito Longo, I-Bozen
Druck und Bindung: Fotolito Longo, I-Bozen

Printed in Italy

ISBN 3-421-03516-4